山本利枝
渡辺梨沙
松本有貴
マイケル・E・バーナード

# レジリエンスを育てよう

## 子どもの問題を予防・軽減する YOU CAN DO IT!

新評論

# まえがき――「You Can Do It!（あなたはできる）教育プログラム」との出合い

一〇年以上前になりますが、三七年にわたって私は、小学校において担任教諭として子どもたちとともに生きてきました。正直にいえば、「生かされてきた」というのが本音に近いでしょう。子どもの気持ちを理解する能力が未熟であった私に対して、学級経営や教科指導のなかで、子どもたちはストレートに「ダメ出し」をしてきました。担任として、「苦しい」と思うことが度々ありましたが、新しい知識を学ぶ喜びを子どもたちと共有でき、担任として「幸せだなー」と感じる達成感も味わってきました。

とはいえ、振り返ってみると、やはり失敗のほうがはるかに多いです。

「先生、まだまだですね。もっと子どもの行動や気持ちを分かってくれませんか。子どもが発達する様子を学んでください」と、表情や仕草で言われているように感じていたのです。曲がりなりにも今日まで学び続けてこられたのは、子どもたちからの「声なきメッセージ」をたくさん浴びてきたからでしょう。

教員を退職してから、私を生かしてくれた子どもたちを守るための仕事をしたい、と考えるようになりました。そして、東京都区内の教育相談センターにおいて、発達に特性があり、学級での授業がつらいと感じている子どもに学習支援講師を派遣するという業務に五年間かかわりました。その間に、「認知行動療法（Cognitive Behavioral Therapy：CBT）」が発達特性のある子どもたちの二次障害を予防できることを知り、すぐさま認知行動療法を学びたいと考え、一年間研究生として大阪大学大学院連合小児発達学研究科・千葉校に入学しました。何と、六七歳のときです。

そして大学院では、認知行動療法に基づいて子どもが感情をコントロールするための「感情と社会性を育む学び（SEL）」を研究している松本有貴先生（共著者）の研究室に入りました。

SELについては、「序章」において松本先生が詳しく述べておられますが、簡単にその内容を紹介しておきましょう。「Social Emotional Learning」の頭文字を取ったもので、日本では「社会性と情動の教育」とも言われております。近年、アメリカを中心にイギリスやカナダなど学校で行われている教育プログラムのことで、「自尊感情と対人関係能力を育てる教育」として日本でも広がりを示しつつあります。

それを裏付けるように、本書と同じ出版社から『感情と社会性を育む学び（SEL）』（マリリー・スプレンガー／大内朋子ほか訳、二〇二二年）や『学びは、すべてSEL』（ナンシー・フレイほか／山田洋平ほか訳、二〇二三年）などが邦訳出版されていますのでご参照ください。

さて、本書で紹介するのは、「世界中に約五〇〇ある」［参考文献24］と言われている予防教育プログラムの一つで、オーストラリアで生まれた「You Can Do It! Education Program」（以下、ＹＣＤＩ教育プログラム）というものです。このプログラムは五つで構成されており、認知行動療法に基づいて学級での一斉授業ができます。ＹＣＤＩ教育プログラム［参考文献２］のことを私は初めて知ったわけですが、松本先生はほかの予防教育プログラムをすでに日本において紹介されています。

五つのなかの一つが、本書で取り上げる「レジリエンス」プログラムです。第１章で詳しく述べますが、ほかの四つは「協調性」、「秩序」、「粘り強さ」、「自信」となっています。

子どもにかかわる仕事をはじめてから四三年目で、初めて予防教育に出合ったわけです。学校において子どものメンタルヘルスを予防することが可能なのだ、と驚愕した日のことは忘れられません。このとき、ＹＣＤＩ教育プログラムの「レジリエンス」に関する日本語版を何とかつくって、日本中の多くの先生方に使っていただこうと決心しました。

その後、このプログラムの創設者であるマイケル・Ｅ・バーナード（Michael E. Bernard）先生を紹介していただき、翻訳の許可を得ました。そして、驚愕し

Social Emotional Learning and the Brain
Marilee Sprenger
マリリー・スプレンガー
大内朋子・吉田新一郎訳
感情と社会性を育む学び（SEL）
子どもの、今と将来が変わる
知識を伝えることだけが教員の役割だと思っていませんか？
感情なしに学びはない
一人ひとりの生徒に物語があり、一人ひとりの教師に責任がある
新評論

た日から七年ほどが経過した二〇二〇年一〇月、ようやく「レジリエンス」の日本語版（以下、YCDIレジリエンスプログラム、と表記）をみなさんに紹介することができました。

その年の年末、中国・武漢市において「新型コロナウイルスに感染」というニュースが流れ、それ以後、二〇二三年に至るまで世界中が脅威にさらされ続けています。そんな状況下、大人だけでなく子どもたちの生活も大変なストレスにさらされています。身体を動かすことが仕事ともいえる子どもたちは、学校が休校になるなどして行動がかなり制限されました。これによって生じるストレスは、大人が想像するよりもはるかに大きいものです。

邦訳された「YCDIレジリエンスプログラム」

このような精神面における困難さを守るために必要とされているのが、「レジリエンス」という取り組みです。

耳新しい「レジリエンス」という言葉を簡単に説明すると、「逆境にもかかわらず、積極的に心理的、感情的、社会的、精神的な成果を上げることができる能力」［参考文献7］となります。言葉を換えれば、「辛い場面に出合ったときでも自身の身を守り、平常心の回復が可能になる力」

ということです。

困難や脅威に直面している状況に対して、「うまく適応できる能力」、「うまく適応していく過程」、「適応した結果」を意味する言葉である「レジリエンス」は、第二次世界大戦下のホロコーストで孤児になった子どもたちを追跡調査する過程で注目されるようになりました。孤児たちの追跡調査では、過去のトラウマから抜け出すことができずにいる人や、トラウマを克服して充実した人生を送っている人が存在する、とされています。後者となる人の場合、ストレスなどの外的圧力を跳ね返す復活力や、困難に押しつぶされることなく外的環境に順応していくだけの適応力があると分かったのです。このような「復活力」と「適応力」がレジリエンスの本質といえます［参考文献23］。

## 日本でのレジリエンス教育にかける願い

翻訳した「ＹＣＤＩレジリエンスプログラム」を日本に導入するにあたっては、東京都二三区内の小学校五校の児童（三・四年生、六四五人）に対して、生活のなかですでに身につけている潜在的なレジリエンス力の調査協力を依頼しました。そして五校のなかで、校長と担任教師が希望した二校の四年生一二五人が、私たちが行う「ＹＣＤＩレジリエンスプログラム」の授業に参加しました。二〇一五年一〇月のことですが、これが日本における初めての授業となります。

私たちによる授業を受けた子どもたちA校の七八人と、まだ授業を受けていないB校の四七人とで二群比較を行っています。みなさんに興味をもっていただくために、結論を述べておきましょう。エラーデータの子どもを除いた二校九四人（A校六一人、B校三一人）の効果量比較では、プログラムに参加したA校においてレジリエンス効果が出ていました［参考文献10］。

その後、二〇一五年からの五年間にわたって、東京都内のある小学校に研究協力校となってもらい、ＹＣＤＩレジリエンスプログラムを実施してきました。なお、同期間には、A校において教師に対する研修も行っています。その結果、卒業生も含めた三年生以上のすべての子ども（四二八人）がＹＣＤＩレジリエンスプログラムの体験者となっています。

本書の構成を簡単に紹介しておきましょう。

序章では、ＹＣＤＩ研究のもとになっている「ＳＥＬ」の紹介をします。そして第1章では、その理論編として、ＹＣＤＩレジリエンスプログラムの考え方について触れていきます。第2章では、私がB校で行った授業の様子を実践例として掲載し、第3章では、教員研修を踏まえ、自身の学級でＹＣＤＩレジリエンスプログラムの実践を行ったA校の渡辺梨沙が高学年での授業の様子を書いています。第4章では、マイケル・Ｅ・バーナード先生からのメッセージを紹介します。そして、最後のエピローグでは、低学年と六年生のレジリエンスレッスン、保護者にレジリエンスをどのように伝えるのか（何をすべきか、そして何をすべきでないか）ＹＣＤＩレジリエンスプログラムを子どもたちに届けるために学校としてできることや、教材準備の負担軽減と積極的な意義について書いています。

いずれの実践においても授業の前後にアンケートを行っていますが、行動観察の結果から、社会的感情コントロール力が向上した子どもが増えていることが明らかとなっています。それに加えて、毎年実施されている「学力定着度調査」の結果から、学力の向上も見られました。

もちろん、校長をはじめとして教師による丁寧な学習指導の成果であるわけですが、その一方で、ＹＣＤＩレジリエンスプログラムの効果によって子どもたちの気持ちが前向きになり、きめ細やかな支援が受け入れられるようになったことも一因として挙げられるでしょう。ぜひ、本書に掲載した授業の様子を読まれて、ＹＣＤＩレジリエンスプログラムの有効性を感じていただけたらと思います。

現在、日本の学校現場に勤務する教師は疲れ切っています。教科指導時数の多さや、提出書類にかかる事務処理などといった作業に追われているからでしょう。それゆえ、教師に対するメンタルヘルスが大変心配な状態となっています。事実、病気休職者も多く出ています。文部科学省は二〇二一年四月九日、「二〇一九（令和元）年度公立学校教職員の人事行政状況調査」の結果を公表しました。それによると、精神疾患による病気休職者は五四七八人となっており、前年度（二〇一八年度）から二六六人も増加し、過去最多の人数となっています。

また、「産休を取得する先生の代替教諭が見つからない」という声も多く聞かれるほか、働き方改革の導入もはじまって、夕方以降は電話対応をしないといった学校も増えてきました。しかし、実際のところ、「仕事量は変わっていない」というのが現状でしょう。

現在、日本における学校の教育課程には予防教育のカリキュラムはありません。子どもと教師のメンタルヘルスを守るためにも、学習指導要領のなかに健康予防教育の指導内容をぜひ入れていただきたいと願っています。そのためにも、まずは教師がレジリエンスについて学ぶ必要があります。教師が元気になってこそ、子どもにレジリエンスを教えることができるのです。

昨今、日本社会を不安にするさまざまな事件が起きています。それらを未然に予防すること、起きてしまった事件にもうまく対処し、乗り越えるだけの力を身につけておくことが喫緊の課題となっています。事後の対応では遅すぎるのです！　困難に遭遇しても打ち勝ち、「生き抜いていくだけの力」を学校で育てたい、と私たち考えています。

私が三七年間の担任生活で学んだ教訓、それは「事後ではなく予防を！」です。これこそが、予測不能な社会を生き抜くために教師や子どもたちが必要としている力にほかなりません。七年前に日本で初めてのレジリエンスの授業を受けた四年生の男子が、現在は高校三年生になっています。その彼が、次のように話してくれました。

「詳しい授業の内容は忘れてしまいましたが、そのときの気持ちは覚えています。僕にとっては、今も役に立っています」

授業をさせていただいた私にとって、本当にうれしいコメントです。それに、高校生になっても一〇歳前後のときの記憶があるという事実に感動すら覚えます。たぶん、彼は一生忘れることはないでしょう。

## 日本における予防教育の必要性――精神衛生上の問題

先にも述べましたように、現在子どもたちは大変苦しんでいます。子どもが苦しいということは、教師も苦しんでいるということです。この「苦しみ」の原因となっている一つとして「いじめ」を挙げることができます。**図表1**に示したのは、日本の小中学校におけるいじめに関する文部科学省のデータです。

二〇一四（平成二六）年度から二〇一九（令和元）年度までの六年間、毎年増え続けていることが分かります。令和元年度における小学校でのいじめ件数のうち、解消している件数は三二万六〇八五件（七七・五パーセント）、解消に向けて取り組み中が九万四四三三件（二二・四パーセント）、その他が三七九件（〇・一パーセント）となっています。つまり、二二・五パーセン

図表１　小中学校におけるいじめの認知件数

| | 小学校 | 中学校 |
|---|---|---|
| 2014（平成26）年 | 122,734件 | 52,971件 |
| 2015（平成27）年 | 151,692件 | 59,422件 |
| 2016（平成28）年 | 237,256件 | 71,309件 |
| 2017（平成29）年 | 317,121件 | 80,424件 |
| 2018（平成30）年 | 425,844件 | 97,704件 |
| 2019（令和元）年 | 484,545件 | 106,524件 |
| 2020（令和２）年 | 420,897件 | 80,877件 |
| 2021（令和３）年 | 500,562件 | 97,937件 |

出典：文部科学省「令和３年度児童生徒の問題行動・不登校等生徒指導上の諸課題に関する調査結果の概要（mext.go.jp）

トはまだ解消できていないということです。

しかし、二〇二〇年度は小中学校ともに前年度よりは減っていいます。その理由について文部科学省は以下のように説明しています。

令和二年度、新型コロナウイルス感染症の影響により、生活環境が変化し児童生徒の間の物理的な距離が広がったこと、日常の授業におけるグループ活動や、学校行事、部活動など様々な活動が制限され、子どもたちが直接対面してやり取りをする機会やきっかけが減少したこと、年度当初に地域一斉休業があり夏季休業の短縮等が行われたものの例年より年間授業日数が少ない学校もあったこと、新型コロナウイルス感染症拡大の影響による偏見や差別が起きないよう学校において正しい知識や理解を促したこと、これまで以上に児童生徒に目を配り指導・支援したこと等により、いじめの認知件数が減少したと考えられる。［参考文献20より］

また、いじめの態様は以下の八項目となっています。

❶冷やかしやからかい、悪口や脅し文句、嫌なことを言われる。
❷仲間はずれ、集団から無視をされる。
❸軽くぶつかられたり、遊ぶ振りをして叩かれたり、蹴られたりする。
❹ひどくぶつかられたり、叩かれたり、蹴られたりする。
❺金品をたかられる。
❻金品を隠されたり、盗まれたり、壊されたり、捨てられたりする。
❼嫌なことや恥ずかしいこと、危険なことをされたり、させられたりする。
❽パソコンや携帯電話などで、誹謗(ひぼう)・中傷や嫌なことをされる。［参考文献20参照］

ご覧のように、いじめの様子も多様化しているのです。いじめを引き起こす原因として、「自身の感情コントロールが安定しない」ことなどが考えられますが、いじめられた子どもも情緒的な混乱や無気力といった症状を引き起こすことになり、不登校やうつ病といった精神疾患の発症を促すことになります。

念のために言いますが、文部科学省も「いじめ対策」を行っていないわけではありません。一九八六（昭和六一）年に出されたいじめの定義は、一九九四（平成六）年、二〇〇六（平成一八）年と見直されています。要約する形で紹介しておきましょう。二〇〇六年からの定義は以下のようになっています。

「本調査において、個々の行為が「いじめ」に当たるか否かの判断は、表面的・形式的に行うことなく、いじめられた児童生徒の立場に立って行うものとする。「いじめ」とは、当該児童生徒が、一定の人間関係のある者から、心理的、物理的な攻撃を受けたことにより、精神的な苦痛を感じているものとする。なお、起こった場所は学校の内外を問わない（後略）」

これが、いじめ防止対策推進法の施行に伴い、二〇一三（平成二五）年度から、以下のように定義され直しました。

「『いじめ』とは、児童生徒に対して、当該児童生徒が在籍する学校に在籍している等当該児童生徒と一定の人的関係のある他の児童生徒が行う心理的又は物理的な影響を与える行為（インターネットを通じて行われるものも含む）であって、当該行為の対象となった児童生徒が心身の苦痛を感じているものとする。なお、起こった場所は内外を問わない」［参考文献20参照］

以上のような実態に対応するべく、二〇一三年、「いじめ防止対策推進法」の「学校いじめ防止基本方針」に沿って全国の小学校では、翌年の四月より、「いじめ防止等のための対策」を総合的にかつ効果的に推進するために「〇〇小学校いじめ防止基本方針」を策定しています。要するに、国、地方自治体、学校、地域が一丸となって重大事態に至る前に予防し、起きてしまった場合には迅速な対応をとるべく取り組んでいるわけです。しかし、現実は……。

言うまでもないことですが、重要かつ喫緊の課題は、いじめを事前に予防することです。少し視点を変えてみましょう。

子どものうつ病や精神疾患の発症が認められる時期が学童期であるという報告があります。二〇二〇（令和二）年度の資料を見ると、小学校における不登校児童数は六万三三五〇人（二〇一九年度は五万三三五〇人）と増えています。また、不登校になったきっかけと考えられる主な状況は**図表2**のとおりです。カッコ内の％は、不登校児童生徒数に対する割合です。

さらに、小・中・高等学校から報告のあった二〇二〇年に自殺した児童生徒数は四一五人（小学校七人、中学校一〇三人、高校三〇五人、合計四一五人）で、前年度の三一七人を大きく上回っただけでなく、調査開始以降、最多となっているのです。驚くべき数字です！　予防教育がほとんど行われていない日本の現状を示した数字といえるでしょう。

まさに、不登校、いじめ、自殺、虐待、引きこもり、自傷行為など、さまざまな形での問題に

図表２　不登校になったきっかけ

| きっかけ | 人 | % |
|---|---|---|
| ①本人にかかわる問題：無気力、不安。 | 29,331人 | 46.3% |
| ②学校にかかわる状況：学校における人間関係 | 5,446人 | 8.6% |
| いじめを除く友人関係をめぐる問題 | 4,259人 | 6.7% |
| 教職員との関係をめぐる問題 | 1,187人 | 1.9% |
| ③本人にかかわる問題：生活リズムの乱れ、遊び、非行の傾向がある。 | 8,863人 | 14.0% |
| ④家庭にかかわる問題：家庭の生活環境の急激な変化 | 2,408人 | 3.8% |
| ⑤その他 | 3,090人 | 4.9% |

出典：［参考文献20］

対して、国際的な実績があることを示しています。そして、その効果は、先行研究やメタ分析において明らかになっているのです。

生徒を対象にした認知行動療法（ＣＢＴ）の治療手順書（プロトコール）は、五〇〇以上利用されています［参考文献8］。先に紹介した松本先生の研究では、エビデンスに基づくメンタルヘルスへの支援の必要性が強く提案されています。発達に特性のある子どもを含めて、すべての通常学級において、授業として実施できるユニバーサルデザインのプログラムの導入、これこそが現在の日本においては重要であると考えられます。

いじめ、不登校などの予防教育を施し、また子どものメンタルヘルスの向上を図るために、レジリエンス力を育成する授業が少しずつですが日本でもはじまっています。本書で紹介する「ＹＣＤＩレジリエンスプログラム」においても、レジリエンス力を高めることで「心配事」、「怒り」、「落ち込み」といった状態から回復でき、そのための力が明らかについてきていることが立証されています。

これまでに、日本の「ＹＣＤＩレジリエンスプログラム」のファシリテーター研修会を受講した教師は一四〇人以上となっています。しかし、教育課程のなかに指導時間が確保されていないため、この授業を実践できる学校（学級）は大変少なく、導入したくてもできないというのが現状です。つまり、苦しんでいる子どもたちに届けられていないのです。

繰り返します。私が三七年間の担任生活で学んだ教訓は「**事後ではなく予防を！**」です。これからの予測不能な社会を生き抜くために、子どもたちが必要とする「力」はレジリエンスにほかなりません！

山本利枝

もくじ

## 第2章　実践1　レジリエンスを高める小学校4年生の授業風景　23



## 第3章　実践2　レジリエンスを高める小学校5年生の授業風景　121

## 第4章 世界でレジリエンスを実践する先生方へ

# レジリエンスを育てよう——子どもの問題を予防・軽減するYOU CAN DO IT!

# 序章

# 社会情動的スキルを育てる You Can Do It!

（松本有貴）

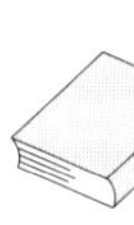

# 感情と社会性を育む（ＳＥＬ）プログラム
## ――「You Can Do It!（ＹＣＤＩ教育プログラム）」

社会性をスキルとして身につけることの大切さは、日本の家庭や学校教育において次第に認識されるようになってきました。しかし、社会性の能力やスキルに比べて、感情面における能力やスキルについてはどのくらい理解されているでしょうか？

感情は、私たちの生活の質を決める大きな要因といえます。楽しい気分であれば積極的で前向きな生活をもたらしますが、怒りや不安といった感情に覆われると、何もかも投げ出してしまうことがあります。生活状態の良し悪しが理由でさまざまな感情になるとも考えられますが、同じ境遇にあったり、同じ体験をしたりしても、感情の種類やその程度は人によって違ってきます。

ＹＣＤＩ教育プログラムは、いかなる境遇においても毎日の生活を切り開いていく力である「レジリエンス」を育てるプログラムです。レジリエンス、つまり人生を成功に導く力をつけるために、このプログラムは感情力の育成からはじまっています。ＹＣＤＩ教育プログラムに参加した子どもたちは、心の温度計（二三ページの図表参照）で自らの感情に気づく、その度合いが分かる、必要に応じてリラックスするために呼吸法を使うなどといったスキルをはじめとする、感情（情動）スキルを身につけていきます。

そして、社会的スキルとして、困難な状況を乗り切るために、人と話すスキルやストレスレベルを下げるために運動をするなどといった方法を練習していきます。これらのスキルは、これまで家庭や学校でも育まれてきましたが、ＹＣＤＩ教育プログラムでは、それらのスキルがどのように機能して自分に役立つのか、またどうすれば身につくのかなどについて教えていきます。

まず、プログラムがどのように機能して自分に役立つのかを分かりやすく教えるために、キャラクターが使われます。プログラムに参加することで、「**自信**」、「**粘り強さ**」、「**秩序**」、「**協調性**」、「**レジリエンス**」という五つのキャラクターを内面に育てられると説明します。これらの内的性質は、社会的価値観に沿った資質として人々と交流するうえにおいて役立ちます。

では、どうすればそれが身につくのか、となりますが、各セッションの活動に積極的に参加してスキルを練習し、実際の場面でやってみるという一般化の過程によって身についていきます。

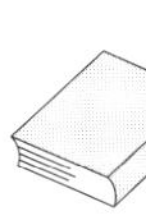

## 感情と社会性の学習（ＳＥＬ）とは

経済開発協力機構（ＯＥＣＤ）は、「社会情動的スキルは、長期的目標の達成、他者との協働、感情を管理する能力を育て、それらの能力は個人の生活だけでなく社会経済に影響する」［参考文献9］として、ＳＥＬの普及を後押ししています。また、九か国における青少年を対象とする調査結果から、「社会情動的スキルは、身体的健康、精神的健康、主観的ウェルビーイング、問題行動の少なさに関係する」と報告しています。要するに、子どもや青少年の社会情動的スキルの向上は、個人の生活の質と社会経済に影響するということです。

このような報告や分析から、ＳＥＬは今後の社会発展に貢献すると期待されており、世界的に注目されている教育となっています。言うまでもなく、これからの社会に必要な力・スキルを育てる学習を提供するからです。

価値観や社会資源が変化する現代社会では、今までとは違う新しい学習が必要になります。学校が各教科で伸ばそうとしていた能力（認知能力）とは「違う力」が必要になるのです。今、各国で「非認知能力」、「二一世紀スキル」、「学びに向かう力」などと呼ばれている力・スキルが重要だと認識されていますが、それらを育てるのがＳＥＬ教育なのです。ＳＥＬは、特定のカリキュラムやプログラムではなく、いろいろなプログラムが実践されています。

ＣＡＳＥＬ（The Collaborative for Academic, Social, and Emotional Learning）は、ＳＥＬを推進しているアメリカの団体です。この団体では、ＳＥＬを次のように定義しています。

——すべての子どもや大人が、健康なアイデンティティの発達、情動の管理と個人・集団の目標達成、他者への共感の喚起と表明、支持的関係の構築と維持、そして、責任と思いやりの

—ある決定ができるように、知識、スキル、態度を獲得して使えるようになる過程。［参考文献5］

そして、以下の五つの枠組みを育てる教育としてＳＥＬを説明しています。

**自己認識**——自分について知っている。
**自己管理**——自己コントロールができる。
**社会的認識**——人や社会について理解している。
**人間関係スキル**——人とうまくやっていける。
**責任ある意思決定**——自分で決めることができるし、決めたことに責任がもてる。

ＳＥＬの教育効果について、五～一八歳の子どもを対象にした二一三個のプログラム実践から分析した研究結果があります［参考文献6］。それによると、社会情動的スキルの向上、自己と他者への態度の変容、向社会的行動の改善、問題行動や攻撃性の減少、情緒的問題の改善、そして学力の向上が見られました。また、さまざまな国で行われているＳＥＬ研究において、児童生徒に対する影響だけではなく、児童生徒と教職員の関係などにおいても前向きな効果が報告されています。

オーストラリアでは、メンタルヘルス（心の健康）を向上させる全国的プロジェクト「Beyond Blue（オーストラリア全国産後鬱病プログラム）」というサポート組織においてSELが取り入れられており、全土に広がっています。子ども心の健康とウェルビーイング（well-being）の向上を目的とする全国的な取り組みと言えます。

「ウェルビーイング」という言葉は、辞書では「幸福」や「福祉」と訳されていますが、身体的、精神的、社会的な豊かさを表すものです。「Beyond Blue」プロジェクトのホームページには、SELプログラムの情報や資料を提供する「Be You」というページがあり、子どもの発達段階に適したSELプログラムが見つけられるようになっています。ちなみに、YCDI教育プログラムはSEL教育のプログラムとして紹介されており、オーストラリアやニュージーランドの就学前教育、小・中学校で広く実施されています。

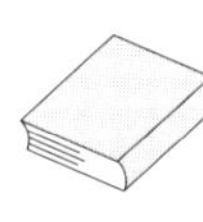

## 子どものレジリエンスを育てるYCDI教育プログラム

理性的に考え対応する力は教えられると、子どもを対象とした研究で分かっています。具体的には、誰かに話す、体を動かす、楽しいことを見つけるなどの活動を通して育てていきます。「まえがき」および二〇ページで紹介するバーナード先生は、これらの活動をうまく取り入れ、子どものレジリエンスを育てる「YCDI教育プログラム」を開発したわけです。

ちなみにYCDI教育プログラムは、CASELの枠組みに沿ったものではありますが、内面的性質の育成を目標としていますので、少し違った五つの枠組みを設定しています。

❶自己認識・自己管理　⟶　前向きに考える心の習慣
❷自己認識・自己管理　⟶　粘り強さ
❸社会的認識　⟶　社会生活の秩序・組織力
❹人間関係スキル　⟶　協調性
❺自己認知・自己管理・社会的認識・人間関係スキル・責任ある意思決定　⟶　レジリエンス

つまり、YCDI教育プログラムは、SELの中核となるスキルに焦点を当て、対応する資質を子どもの内面に育てられるように構成されているわけです。自信と粘り強さ、社会生活の秩序と組織力、人とうまくやっていく力は、責任ある意思決定を含んで情動的レジリエンスにつながっていきます。

これらの力は、私たちの生活習慣に関係し、心の健康に影響します。自己を受容するか否定するか、楽観的に考えるか悲観的に考えるか、内的統制感（コントロールする力は自分にある）と外的統制感（自分以外にコントロールされる）のどちらを働かせるか、耐性が高いか低いか、考えて行動するか考えずに行動するか、他者に寛大か寛大でないか、といった心のありようは毎日の生活に現れますし、私たちの生活の質を大きく左右します。

バーナード先生がとくに注目しているのは「情動的レジリエンス」の力です。落ち着いて物事に対応できる、攻撃的な行動や引っ込み思案をコントロールできる、困難な出来事や対人関係に直面しても落ち着いていられる、といった力が「情動的レジリエンス」です。この力は、言うまでもなくウェルビーイングに影響してきます。

就学前児童対象の研究［参考文献1］では、ＹＣＤＩ教育プログラムを受けたグループは、受けなかったグループに比べて社会的情動のスキルとウェルビーイングが向上し、行動や情緒の問題と過剰な活動性が減少する傾向が見られました。また、小学生を対象とした研究［参考文献3］では、受けたグループに、情動的レジリエンス、学校への所属感、学習に対する自信の向上が見られました。

そして、日本の小学生を対象とした研究［参考文献10］では、プログラムの実施後、ＹＣＤＩ教育プログラムを受けたグループにレジリエンスとソーシャルサポート認知の向上が見られました。ソーシャルサポート認知については、周りにいる、助けてくれる人の存在に気づくことで、心の健康やレジリエンス力と関係するという研究結果があります。

その測定には、子どもが困難を体験する日常場面を挙げて、場面ごとに助けてもらえる人を選んでもらっています。レジリエンスについては、子どもが各質問項目の内容にどれくらい当てはまるかについて答える質問紙が使われています。

嫌なことがあったときでもくよくよしないなどの「楽観性」、課題を遂行する際に困難があっても途中で投げ出さないという「挑戦性」、悲しいときは自分の気持ちを聞いてもらいたいと思うなどの「内面共有性」、積極的に物事に取り組む傾向を表す「積極的活動性」という四つの分野における質問に対する回答から、子どものレジリエンス力を測定したわけです。

とはいえ、質問紙に対する回答を統計処理した結果から、目的とする力がどれくらい育っているのかについては分かりにくいかもしれません。それならば……ということで、保護者や教師、子どもたちに自由記述で答えてもらった内容から効果を見ることにしました。

ある教師は、「心の温度計」を使って、その日の感情について話す子どもの会話を紹介してくれています。落ち込み度合いが高い場合、「どうすればいいか」などと話していたそうです。一方、子どもの感想文では、それぞれの日常生活において、「必要な場面で習ったスキルを使っていける」といった報告がありました。また、ＹＣＤＩ教育プログラムを実施したクラスの担任教師からは、プログラムに参加した子どもたちに「前向きな変化が現れた」といった報告がありました。

これらにより、ＹＣＤＩ教育プログラムは、日本の子どもに感情と社会性を育むプログラムだといえます。そして、子どもと教師から寄せられたプログラムに対する感想や意見は「質的データ」による評価となります。質問紙を使った「量的データ」とともに、ＹＣＤＩ教育プログラムの効果を示しています。

第２章と第３章では、日本の小学校で行われたＹＣＤＩレジリエンスプログラムの様子がライブ感豊かに再現されていますので、「一体どのような授業になるのか」と想像力を働かせながら読んでください。その前に、第１章において「レジリエンスとは何か」と題して、レジリエンスについてさらに詳しく説明していきます。

# 第1章

# レジリエンスとは何か

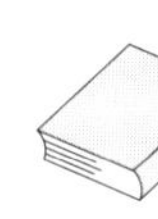

## 「YCDIレジリエンスプログラム」が目指すこと

小学校における生活経験は、性格の基礎を積みあげるために大切です。周りの人から期待されることによって心が発達し、学習力が増していきます。とはいえ、性格や心の発達を促すためには、よい生活経験だけではなくストレスや緊張感を体験し、それをコントロールすることによってレジリエンス力をつける必要があります。先行研究では、次のような指摘があります。

成長する際に出合う不利な状況をうまく処理するといった経験をすることで、レジリエンスに対する認知的な作戦方法と行動的な作戦方法のバリエーションが増えていきます。行動的な作戦方法（たとえば、誰かに話すこと、ほかのことをすることなど）はあまり増えませんが、感情に注目した認知的な作戦（たとえば、気を紛らわすこと、前向きな考え方、自分自身でどのようにして問題を取り去るのかを計画して解決する力）のほうはまちがいなく増えていきます。［参考文献12］

本書で紹介するＹＣＤＩレジリエンスプログラムは、先に述べたように、オーストラリアのメルボルン大学教授であるマイケル・Ｅ・バーナード先生によってつくられ、世界一一か国（二〇二三年現在）、一〇〇万人以上の子どもたちが毎年八か月をかけて受けている授業「ＹＣＤＩ教育プログラム」の一つです。幼稚園から高校を卒業するまで、すべての学年における予防教育として、五つの「社会的感情スキル」と一二種類の「心的習慣（考え方）」を教えています。

各国の教育方針に基づいてカリキュラムが組まれているため、幼児教育用、小学生用（一・二年生用、中学年以上用）、中学生用、高校生用という五つのプログラムが用意されています［参考文献11］。先にも述べましたが、五つの社会的感情スキルとは「**協調性**」、「**秩序**」、「**粘り強さ**」、「**自信**」、「**レジリエンス**」となっています。このなかでベースとなるのが「**レジリエンス**」です。

一方、一二の「心的習慣（考え方）」は以下のように分類されています。

・自分を受け入れる。
・独立心をもつ。
・努力する。
・目標を設定する。
・周りの人に対して寛大に接する。
・規則（ルール）を守る。
・リスクを引き受ける。
・自分は「できる」と信じる。
・弱音を吐かない。
・時間の使い方を考える。
・まずは考える。
・社会的責任を負う。

本書のメインテーマである「**レジリエンス**」がどういうスキルなのかというと、困難な状況や好ましくない相手に出会っても、以下のような行動ができるようになるためのものです。

❶極端に腹を立てたり、落ち込んだり、心配したりしないようにする。
❷激しく動揺したときでも行動を制御する（争ったり逃げたりしない）。
❸相応な時間内に落ち着く。
❹気を取り直して活動に戻る。［参考文献22］

たとえば、四年生くらいで生じるトラブルのきっかけといえば、多くの場合、ささいな出来事となっています。普段は仲良し同士、同じクラスの子どもたちが一緒に下校しますが、三人になってしまうと会話は「2vs1」に分かれてしまいます。一人になった子どもは、つまらなくなると、会話が弾んでいる二人のどちらかに**ちょっかい**を仕掛けます。ひょっとすると、持っていた傘でランドセルを叩いたりもするでしょう。

それを見ていた子どもが「やめなよ！」と声をかけました。でも、やめません。何回かランドセルを叩かれている子どものために、再び「やめなよ！」と声をかけますが、やはりやめません。徐々に、声をかけている子どもは腹が立ってきます。最後は……とうとう声を荒げてケンカになってしまいました。

この日は、三人とも気まずく感じながら、イライラや怒りという感情をもったまま別れます。

このような子どもたちのトラブルを解決するために必要とされる対処スキルが「**レジリエンス**」です。具体的には以下のようなものとなります。

・何か楽しいことを見つける。
・誰か話し相手を見つける。
・リラックスする。
・運動する。
・毅然とした態度をとる。
・問題を解決する。
・ネガティブなセルフトークをポジティブなセルフトークに変える。
・物事を大げさに考えない。

これらの行動のどれかをすれば、翌日の朝、子どもたちはどちらからともなく「ごめんね」、「昨日はごめんね」と言いあっておしまいです。ケンカをしてしまった二人に、「先に謝れ！」とか「おまえが悪い」というようなわだかまりはありません。その場を離れて違うことをすれば気分が変わるのです。このようにして、トラブルへの対処スキルを育んでいきます。

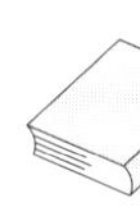

## ＹＣＤＩレジリエンスプログラムでできること

ＹＣＤＩ教育プログラムのなかでも、日本の子どもたちにもっとも必要とされる「レジリエンス」を本書で紹介していくわけですが、具体的には、その方法を六回のレッスンで子どもたちに教えていく様子を紹介していきます。中学年の実践では、発案者のバーナード先生のレッスンプランを説明したあとに、読者であるみなさんにそのまま使っていただけるように、「子ども用・先生用のワークシート」と指導案を掲載しています。まずは、レッスン内容の主要な点を挙げておきましょう。

❶心の温度計（二三ページ、六二ページ参照）を使って、自分の気持ちを図る方法を学ぶ。
❷リラックスしたり、自分の気持ちのバランスをとったり、見通しをもって考えるようにする。
❸誰か、話す人を見つける。
❹否定的に考えず、ポジティヴに考える。
❺何か面白いことを見つける。

打たれ弱さに関係している「否定的な考え方」をする習慣から、穏やかな心と落ち着かせ方に関係してくる「前向きな考え方」をするといった習慣に変える方法を子どもたちに教えましょう。たとえば、「自分はダメな人だ」という考え方から「自分を認める人」に、「耐えられない」という考え方から「耐えられる強い人」に、「できない」という考え方から「できる人」に、「完璧でないといけない」という考え方から「冒険をする人」に、「依存している」という考え方から「自立している人」に、「面倒だ」という考え方から「粘り強く学習する人」に変わりましょう、と教えていきます。そして、レジリエンスの練習中に、「成功・不成功や幸せ・不幸せという感じ方のレベルを知ることが大切である」と伝えます。

出来事➡考え➡気持ち➡行動

子どもたちを、自分が感じていることと、自らの行動の責任がとれるように勇気づけましょう。考え方によって、感じることと行動には影響が出てきます。それを理解して、「責任をとりましょう」と教えるのです。

また、考えるための手だてを理解してもらうことで、感情的な行動をコントロールして責任がとれるように子どもを勇気づけます。出来事にではなく、自分の感情に対する考え方のコントロールが本当の力です。つまり、出来事が感情をコントロールするのではなく、自分の考え方で感情のコントロールをするのです。そうすれば、人を非難しなくなります。
これらの実践を続ければ、打たれ弱さに関係している否定的な考え方を、穏やかで前向きな考え方に変える方法が身についていきます。

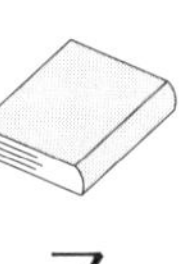

## マイケル・E・バーナード先生の紹介

それでは、ここで、YCDI教育プログラムの創設者であるバーナード先生の紹介を簡単にしておきましょう。

メルボルン教育大学院およびメルボルン大学の前教授で、カリフォルニア州立大学ロングビーチ校の名誉教授です。バーナード先生は、オーストラリアの「感情的行動療法研究所」の共同創設者であるREBT（Rational Emotive Behavior Therapy）に関する多くの本を著しています。REBTとは、日本では「論理療法」、「論理情動行動療法」、「人生哲学感情心理療法」

と呼ばれているものです。

彼は八年間、「Journal of Rational-Emotive and Cognitive-Behaviour Therapy」の編集長を務めたのち、大学、企業、非営利組織、教育当局、政府に対する国際コンサルタント業務を行ってきました。ウィスコンシン大学マディソン校で教育心理学の博士号を取得し、メルボルン大学で教育心理学修士プログラムのリーダーおよびコーディネーターに任命されました。また、コリングウッド・フットボールクラブの最初のスポーツ心理学者でした。

現在、バーナード先生は、個人の有効性、前向きな心理学、ストレス管理、ハイパフォーマンスの考え方について、企業や公共部門との相談のもと、バーナードグループのエグゼクティブディレクターを務めています。

YCDI教育プログラムは、オーストラリアや海外の六〇〇〇校にも上る学校で実践され、一〇〇万人以上の学生が参加しています。言うまでもなく、児童生徒・学生の社会的感情的幸福と達成を促進するためのものです。先生は、メルボルンを代表するある私立学校でカウンセリングを行いながら、あらゆる年齢の子どもたちとその家族と緊密な連携を図ってきました。つまり、過去一〇年以上にわたって、高性能およびレジリエンスのある専門家育成プログラムの設計と実施に力を注いできたわけです。

また、最高のパフォーマンス、レジリエンス、子育て、メンタルヘルス、学校改善に関連する分野で、五〇冊以上の著書、二〇冊の共著書、三〇本の雑誌記事も執筆しています。

レジリエンスを実践する日本の教師のみなさまに宛てた、バーナード先生からのメッセージは第4章で紹介いたしますが、理論だけでなく実践においても活躍されているバーナード先生の教育観を受け継いだ私たち（山本と渡辺）の実践風景を第2章と第3章で紹介していきます。これまでの記述をふまえていただいたうえで、日頃の教室空間を想像しながら読んでいただければ幸いです。

# 第2章

## 実践1

# レジリエンスを高める小学校4年生の授業風景

（山本利枝）

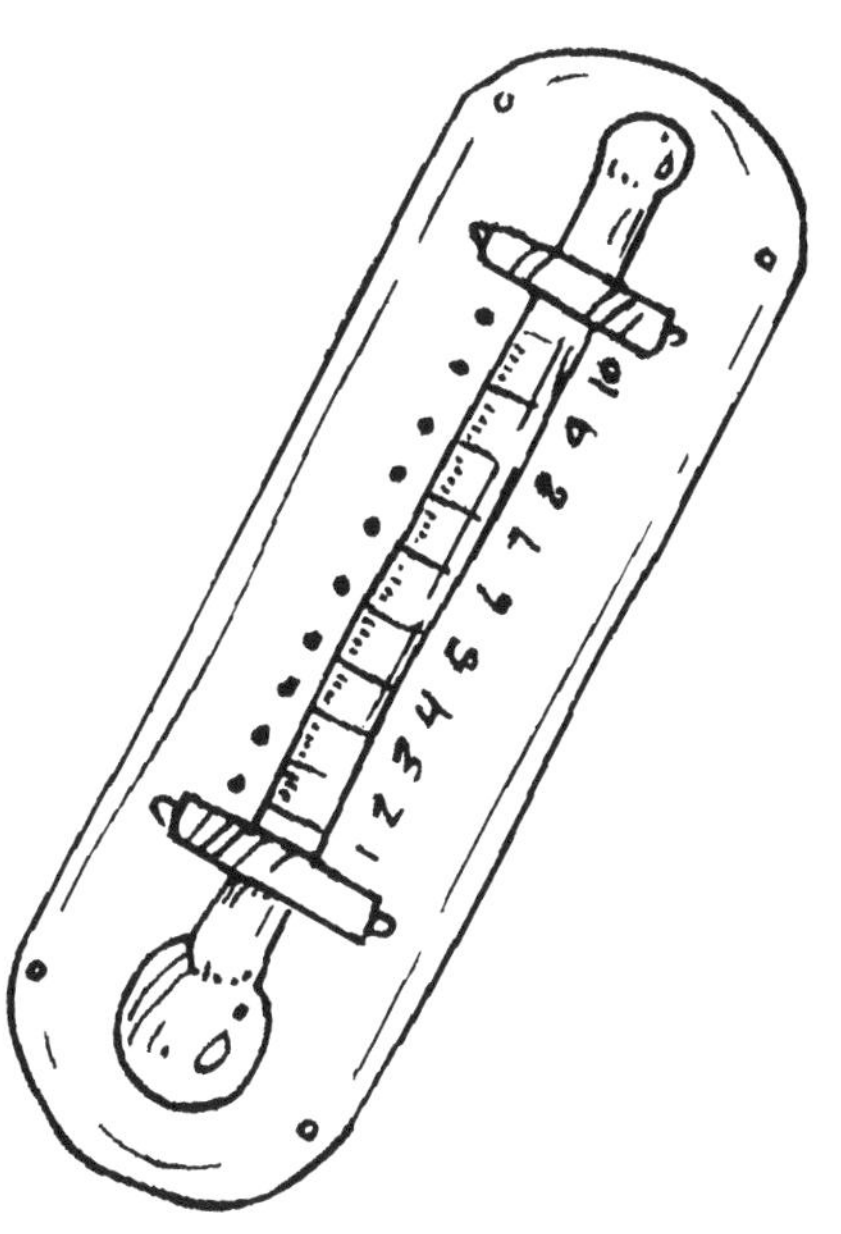


「心の温度計」——あなたの心は落ち着いていますか？
©Michael E. Bernard. Ph.D. Founder, YCDI! Education

## 一回目の授業——ガイダンスの時間（二〇一五年一二月一一日・金曜日）

いよいよ、子どもたちとの出会いの場に向かいます。初めてのガイダンスの時間はとても大切です。ワクワク感をもって、八回の授業に参加してもらうためのスタートラインとなります。

勝手な想像ですが、「どんな授業になるのだろうか？」と子どもたちの頭の中は「？マーク」だらけでしょう。と同時に、普段の授業とは違った緊張感を抱いているかもしれません。実は、私自身も久しぶりの小学校での授業ということもあって、かなり緊張していました。学校に向かう道すがら、この日の「目標」と「ガイダンスの内容」を繰り返し唱えていました。その内容は以下のとおりです。

---

**【目標】**

「ＹＣＤＩレジリエンスプログラム」のレッスン内容について知りましょう。

**【ガイダンスの内容】**

①レジリエンスという言葉について知る。

②次回からの日時と予定について知るための授業。

**図表2－1　レジリエンス指導案** 第1回　年　日(　)　立　小学校　4年　組　校時
始めの会　目標　You Can Do It!（あなたはできる）プログラムのレッスン内容について知りましょう。

| | 時間 | 学習内容 |
|---|---|---|
| 導入 | 5分 | 指導者、指導補助者の紹介。（自己紹介の方法モデル）を聞く。<br>レジリエンスのワークシート集と「You Can Do It! 便り」No.1をもらう。<br>今後の学習予定について知る。<br>「レジリエンス」を身につける学習であることを知る。 |
| 展開 | 30分<br>A10分 | グループ内（4人）で自己紹介をしよう。<br>グループリーダーからはじめる<br>「間違い自己紹介」を取り入れる。<br>自分について二つの項目を紹介する。<br>そのうち一つは間違いを入れておく。 |
| | B10分 | レジリエンスにつながる絵本を聞く。<br>『ふしぎなたねといじっぱりなクマ』<br>さく　つるおか　ゆき　　出版社<br>え　なめかわ　まい　　Tully's COFFEE |
| | C10分 | レジリエンスの言葉について知る。<br>レジリエンスってなあに。<br>本の中からレジリエンスについて予想して話しあう。<br>キーワード<br>1友だちがいないクマ　2たね（食べられそう）<br>3ことり（たねを食べたい）　4りす（たねを食べたい）<br>・たねを食べたい（欲求への忍耐）　・あらし（逆境）<br>・弱い芽を守る（保護）　・力を合わせる（協力）<br>・困難をはねかえす　・花が咲き、友達ができる。<br>・「困難」に打ち勝ち、生き生きと生活できるようになる。 |
| まとめ | 5分 | 今日分かったことを確かめる。 |
| 次回 | 5分 | お便り No.2をもらう。<br>次回の日時と予定について知る。<br>気持ちってなあに？の学習。 |
| 宿題 | | 今日のことを家族に伝える。<br>クリアシートを集めるか、自宅に持ち帰るか検討する。 |

準備　レジリエンスにつながる絵本『ふしぎなたねといじっぱりなクマ』つるおかゆき さく
なめかわまい え
Tully's COFFEE 出版
レジリエンスのワークシート集
You can do it! 便り（No.1）

目的地となる小学校のある場所は、東京都内の東に位置しています。最寄り駅の改札口を出た瞬間驚きました。駅前は再開発中のまっただ中でした。イメージした下町の雰囲気はすでにありません。いいのか、悪いのか、私にはよく分かりませんが、このようにして町の景観が変わっていくのでしょう。

目指す小学校の周りにも、建設中の建物が多く見られました。小学校も引っ越してきたばかりなので、校舎は真新しく、ピカピカでした。こんな小学校に通う四年生（二クラスの四六人）といっしょに、「YCDIレジリエンスプログラム」に関する学びがはじまります。

基本的には週に一回で、五時限目に一組、六時限目に二組で授業を実施していくことになります。時数は「学級活動」と「総合的な学習の時間」を使い、一単位時間四五分を八回当てることになりました。なお、以下の記述は、一組と二組を区別したものではなく、入り交じった形で書いております。本として著す以上、特徴的なところに焦点を当てたいという筆者側の判断です。その旨、ご了承ください。

みなさんも想像されるように、下町の小学校に通う四年生、とても元気でにぎやかでした。見知らぬ「おばさん」が教室に入ってきてもお構いなしです。このような子どもたちに、教科ではない授業を行うのですから、私としても「教師」の威厳（？）を示さないといけません。とはいえ、楽しい学びの時間として、子どもたちの記憶に残ることを願っていました。

## ◉ 自己紹介

まず、担任の先生がゲストティーチャーとして私の紹介をしてくれました。私は先生の横でその話を聞いていたのですが、子どもたちはというと、どうも真剣に聞いているようには見えません。そこで私は、子どもたちの集中力を獲得するために英語で自己紹介を行いました。なぜなら、英語で話し掛けたら少しは静かになるだろうと思ったからです（思惑どおりでした！）。

そのあと、四、五人のグループになって、子どもたちもお互いを紹介しあうという「自己紹介ゲーム」を行ってもらいました。

教壇に立つ筆者

じめました。

「嘘、本当クイズ」で当てっこをするという自己紹介です。その例として、まず私の紹介からは

「一問目、私は大学に五校通っています。嘘、本当？」

「二問目、私には孫が五人います。嘘、本当？」

ちなみに、一問目は正解です。この当時、私は大阪大学大学院連合小児発達学研究科に在籍しておりました。連合大学院ですので、大阪大学、金沢大学、福井大学、浜松医科大学、千葉大学の五大学で構成されています。演習では、五つの大学すべてで実習を行い、単位を取得しなければなりませんでした。

そして、二問目は嘘です。私の孫は三人しかいません。

私の自己紹介がすんだら、四、五人のグループになってもらい、子どもたちの自己紹介ゲームのはじまりです。すでにお互いをよく知っている子どもたち同士ですが、「嘘、本当クイズ」での自己紹介が楽しいようで、最初に感じたものとは違う「元気さ」が見られました。

## ◉レジリエンス便り No.1

にぎやかな自己紹介のあと、いよいよ本格的に授業のスタートです。

レジリエンスのワークシート集（表紙付き）と「レジリエンス便り No.1」を配りました。この二

図表2－2　ワークシート

**感情の定義：六つの気持ちと出来事**

| 幸せ（しあわ） | 怒り（いか） | こうふん |
|---|---|---|
| 落ち込み（お・こ） | だらけている | 心配（しんぱい） |

ゆううつで、みじめで、悲観的（ひかんてき）なことだらけ。

---

たいへんふきげんで、否定的（ひていてき）な気持ちで怒り（いか）をばくはつする。

---

うれしさ、よろこびをたくさんあらわして明るい（あか）心（こころ）でいる。

---

とても気（き）がかりで、なやんでいる。

---

ハイテンションで、強い（つよ）エネルギーで行動（こうどう）を起こす（お）。

---

動く（うご）ことをきらい、やる気（き）がない。

---

プログラムの目的（もくてき）：社会性（しゃかいせい）と気持ち（きも）を学ぶ（まな）　レジリエンスレッスン小学生（しょうがくせい）

図表２－３　レジリエンス便り No.1

## You Can Do It! のお知らせ No.1

山本利枝

４年生のみなさん、みんなでいっしょに You Can Do It!（あなたはできます）プログラムを学びましょう。

「レジリエンス（回復力）を身につけましょう。

レジリエンス（回復力）とは？　もし、あなたがつらいことや、こまったことに出合ったらあなたはどうするでしょうか。

失敗してしまったら、どんな気持ちになるでしょうか。

「困難な状況に出合ったときに、負けずにうまく乗り越える能力をレジリエンスと言います。」

レジリエンス（回復力）のレッスンは次のような内容です。

レッスン１　気持ちについて知りましょう。

レッスン２　考え、気持ち、行動の違いについて知りましょう。

レッスン３　レジリエンス（回復力）とは何かについて学びましょう。

レッスン４　レジリエンス（回復力）を高める練習をしましょう。

レッスン５　頭を使ってじょうずに考えましょう。

レッスン６　じっさいにレジリエンス（回復力）を使って行動してみましょう。

これから８回、一緒に学習しましょう。

つは、授業を受ける子どもたちだけのものではありません。家に持って帰ってもらい、保護者の方にも見ていただくものとなっています。とくに「レジリエンス便りNo.1」には今後の学習予定が書かれていますので、是非、読んでいただきものとなっています。

「これからレジリエンスを身につける学習がはじまります！　レジリエンスとは何でしょうか？困ったことがあったとしても、負けずに、うまく乗り越える力のことです」

と、話しはじめました。先ほど配った「レジリエンス便り」には、今後行われる八回の授業目標が書かれています。最初の授業では、「レジリエンスって何？」と興味をもってもらうための大切な時間となります。これから何を学び、何を身につけるための授業が行うのかについて、子どもたちだけでなく保護者にも理解してもらう必要があります。

「レジリエンス便り」を私が読んでいきました。このプログラムの創設者であるバーナード先生についても、写真を見せながら紹介していきました。

ガイダンスのなかで、子どもたちから次のような質問がありました。

「どこにレジリエンスはあるの？」

「レジリエンスは、みんながもっているの？」

これらの質問に対して、私は次のように答えています。

「みんなの心の中にあります。力を合わせたときにも出ます」

それにしても、子どもたちの感覚は鋭いなーと、いつもながら感心します。当時の私は、学校の担任を卒業してから八年目でしたが、子どもたちが発するエネルギーをまともに浴び、「しっかりしなくては、もっと勉強しなくては……」と叱咤激励されているように感じます。

このあと、「レジリエンス」について、子どもたちに分かるように説明していきました（前章参照）。その際に、『ふしぎなたねといじっぱりなクマ』（つるおかゆき作、なめかわまい絵、タリーズコーヒージャパン、二〇一五年）という絵本の読み聞かせを行っています。

森の奥深くに棲む、日ごろから一人ぼっちのクマが見つけた「種」を、食べたいのを我慢している小鳥やリスと一緒に育て、嵐からも守っていきます。そのおかげで、種は大きな大きな木に育ち、きれいな花と木の実をどっさり付けたというお話です。

この絵本を選んだ理由は、レジリエンスの重要項目である「欲求に対する忍耐」、「逆境」、「保護」、「協力」について描かれているからです（**図表2－2**参照）。

読み聞かせをしつつ、レジリエンスについて説明をしていきましたが、改めて絵本の「力」に驚いてしまいます。年齢を問わず、時には大人も絵本に魅了されてしまうからです。事実、四年生の子どもたちも、楽しみながら熱心に聞いていました。普段行われている授業ではなかなか見られない光景だなーと、かつて私自身が行っていた授業風景を思い出しながら、子どもたちがかもし出す雰囲気を私も楽しんでいました。

授業の最後に、来週の授業で行う内容が書かれている「レジリエンス便りNo.2」を配布しました。この日に配った二つのお便りは、前述したように家に持ち帰ってもらい、保護者にも伝えてもらいます（**図表2－2、図表2－3**参照）。

保護者には直接説明する機会はありませんが、子どもたちだけでなく、保護者や教師にも「レジリエンス」の重要性を理解してもらう必要があります。繰り返しになりますが、お便りを持って帰ってもらうことで、少しでもレジリエンスの重要性が伝わればと思っています。

レジリエンスの説明という一回目の授業も終わりです。あっという間の四五分でしたが、子どもたちが名残惜しそうにしていると見えるのは、私の思い過ごしでしょうか。最後に、今日の授業についての感想を書いてもらいました。初めての授業ゆえ多少の戸惑いがあったと思いますが、次のような文章を寄せてくれました。

**A児**　山本先生、今日は本を読んでくださってありがとうございます。たまに、私も落ち着かないとき、怒っているときがあります。

**B児**　今日の勉強については、レジリエンスの意味がよく分かりました。あとバーナード先生に

図表２－４　レジリエンス便り No.2

**You Can Do It 便り No.2**

山本利枝

４年生のみなさん、You Can Do It!（あなたはできます）プログラムで「レジリエンス」を身につけましょう。

レッスン１

「気持ちについて知りましょう。」

・ふだんの気持ちを言葉で伝える練習をします。

・自分の気持ちを分かるように練習します。

・怒ったとき、落ち込んだとき心配なとき、めんどうなとき、幸せなときの顔の表情を分かるように練習します。

こんな練習をして、今ある気持ちを別の気持ちに変えられるようになりましょう。

も会ってみたいです。私は、このレジリエンスの本とこの手紙を絶対大切にします。八回しかないけど、よろしくお願いいたします。今日は友達とケンカをしてしまいました。でも、自分たちから仲直りをしていきました。ありがとうございます。

紙幅の関係で一部の紹介となりますが、四年生、侮れません。しっかりとした意見を目にして、こちらのほうが恐縮してしまいました。ひょっとしたら、本当に「名残惜しかった」のかもしれません。

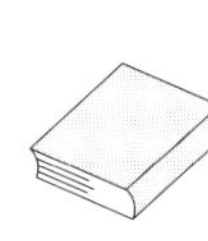

## 二回目の授業――レッスン1（二〇一五年一二月二五日・金曜日）

ガイダンスの授業を終えてから一週間が経ちました。明日から冬休みという日に、いよいよレジリエンスレッスンの開始です。今回の授業では、「気持ちって何か」が分かることを目標とします。具体的なレッスン内容は以下のようなものです（レジリエンス指導案を参照）。

**【目標】**

気持ちについて知りましょう。

**【レッスン1の内容】**

①普段の気持ちを言葉で伝えられるようになる。気持ちの意味が分かるようになる。

②自分自身の気持ちが分かるようになる。怒ったとき、落ち込んだとき、心配なとき、なまけたとき、幸せなときの顔の表情を分かるようになる。

③自分の気持ちを別の気持ちに変えられるようになる。自分はどんな場面でどんな気持ちになるのかが分かるようになる。ある気持ちになるのはどんな場面なのか説明できるようになる。［参考文献12］

図表2－5　レジリエンス指導案第2回　年　月　日(金)　立　小学校　4年　組　校時
レッスン1　目標　気持ちについて知りましょう。

| | 時間 | 学習内容 |
|---|---|---|
| 導入 | 5分<br>5分 | 自己紹介ゲーム<br>気持ちとは何かについて考えて、話し合う。<br>表情カードを配る。<br>・うれしい気持ち、(調子にのっているとき、幸せなとき)<br>・うれしくない気持ち（怒っているとき、心配しているとき、落ち込んだとき、なまけているとき） |
| 展開 | 30分<br>A5分 | グループ活動　気持ちに名前を付ける。<br>1　ワークシート（感情の定義）をもらう。<br>2　気持ちと気持ちの名前をセットにする。 |
| | B5分 | 個人活動<br>気持ちを伝えよう（表情カードを見ても良い。）<br>六つの気持ちの顔から選んで自分の顔を描く。(表紙の裏)<br>1　うれしい顔を描く。<br>2　悲しい、落ち込んだ顔を描く。<br>3　怒っている顔を描く<br>4　落ちこ込んでいる顔を描く。<br>5　めんどうだなと感じた時の顔を画く<br>6　ワクワクしている顔を描く。 |
| | C10分 | グループ活動<br>気持ちについての質問を出しあう。(例)<br>1　どんな気持ちなのか、どうしたら分かりますか。<br>2　気持ちの表し方はどの人も同じですか。<br>3　すべての人は同じ出来事に対して同じ気持ちになりますか。<br>4　なぜ気持ちを表すことは大切なのでしょうか。<br>5　今まで自分の気持ちを隠したことがありますか。<br>気持ちを隠し続けるとどうなると思いますか。<br>6　なぜ、気持ちを表すことは大切なのでしょうか。 |
| | D10分 | 行動のなかにレジリエンスを入れているお話から、気持ちを感じとる。<br>「二人の子どもがジャングルに入っていきました。二人の出合う危険やドキドキする場面を想像しましょう。」<br>例：蛇や猿に出合う。<br>・幸せに思う人・ワクワクドキドキする人<br>・心配になる人<br>人によって違うことを話し合って確かめる。<br>表情カードで確かめる。 |
| まとめ | 5分 | 1　六つの違う気持ちの言葉を知り自分の気持ちを確かめる。<br>2　同じ場面でも人によって気持ちは違うことを分かる。 |

| | 時間 | 学習内容 |
|---|---|---|
| 宿題 | 5分 | 宿題シート（漫画「ドラえもん」ぼくを止めるのび太）<br>のび太とドラえもんの気持ちを想像する。<br>八つの場面でのび太とドラえもんがどんな気持ちなのかを想像して「怒り」「心配」「落ち込み」「幸せ」の四つの気持ちのなかから選んで（　　　）に書く。<br>次回の予定を知る。YCDI便り No.3をもらう。<br>「考え、気持ち、行動の違いについて学びましょう。」 |

準備　宿題シート「ドラえもん」（藤子・F・不二夫・小学館）
子ども用ワークシート（表情カード・感情の定義・気持ちについての質問）
表情カードと感情の定義（表示用）

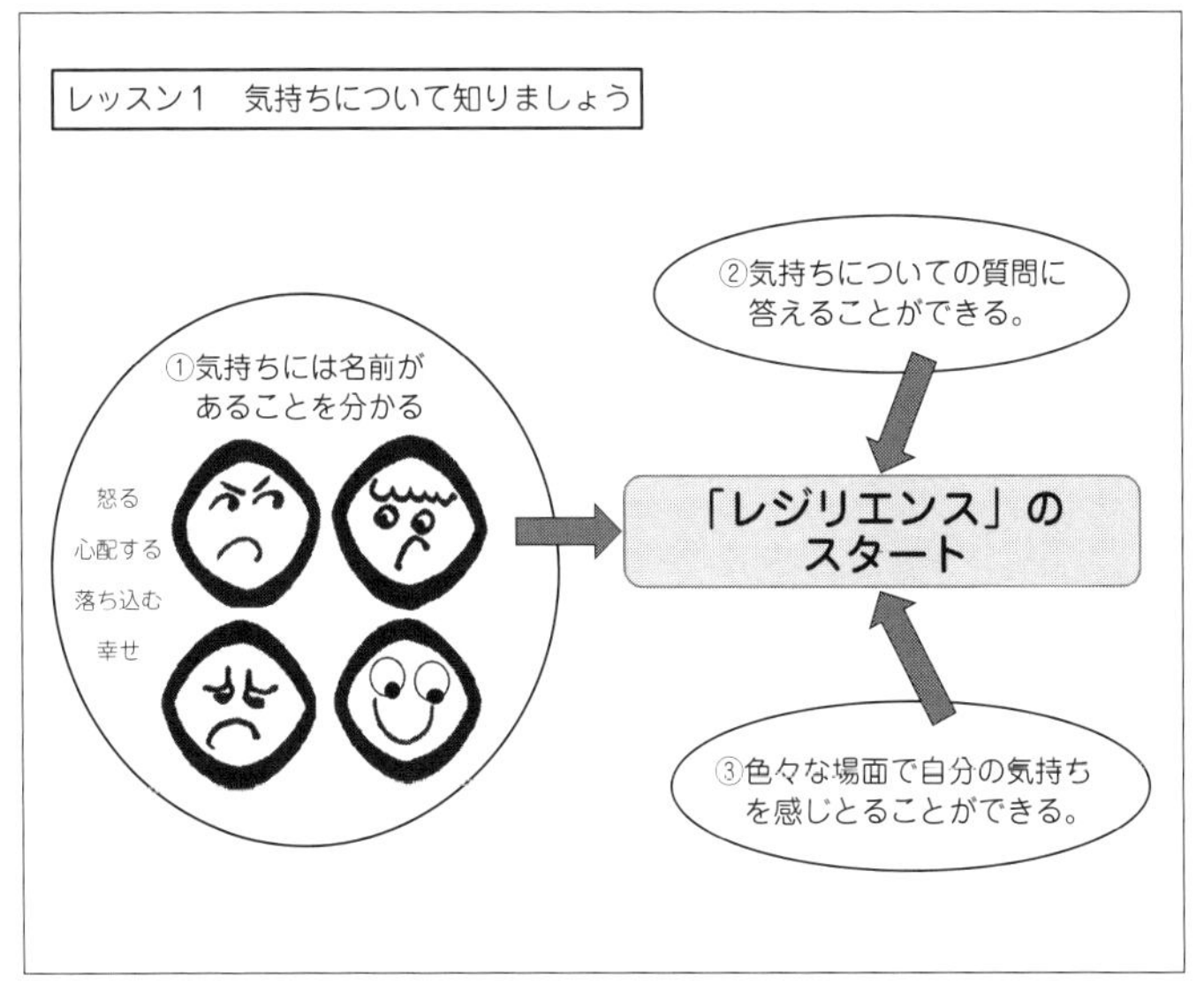

顔合わせを含めると三回目となる子どもたちです。相変わらず元気のいい、エネルギーにあふれている子どもたちです。翌日から冬休みということも影響しているのでしょう、前回よりハイテンションな感じがします。

研究のために授業の様子を教室の後ろからビデオ撮影していたのですが、ビデオ機器に対して興味津々でした。「ビデオの準備、手伝うよ」と言って、何人かの子どもたちが集まってくれました。ありがたいことに、一クラス二三人と少ないのでまとまりやすくて助かりました。

前回同様、集中して参加してもらうために「Hello!」と声をかけて、「How are you? Let's start our lesson.」と語りかけて授業を開始しました。もちろん、英語はここまでです。英語で語りかけているのは、バーナード先生の翻訳プログラムであることを少しでも感じてもらえれば、という思いもあったからです。

まず、「**気持ちとは何か**」について考えてもらうことにしました。事前に配布してあるワークシート集から「表情カード」を出してもらいます。六つの顔の表情と気持ちを表す言葉が書かれています。うれしい気持ちは「調子にのっているとき、幸せなとき」、うれしくない気持ちとしては「怒っているとき」、「心配しているとき」、「落ち込んだとき」、「なまけているとき」が書かれています。子どもたちは、日々無意識のうちに気持ちを表す言葉を使い、そのときの気持ちを表情に示しています。

図表２－６　改訂版子ども用ワークシート表情カード

| | |
|---|---|
| 1. なまけているとき | 2. 怒っているとき |
| 3. 調子にのっているとき | 4. 落ち込んだとき |
| 5. 心配なとき | 6. 幸せなとき |

プログラムの目的：社会性と気持ちを学ぶ　　レジリエンスレッスン小学生

このときに使っていた表情カードは、オーストラリアでつくられたものです（一三四ページ参照）。日本の子どもにとっては、表情が分かりにくいところがあるかもしれません。日本には、「目は口ほどに物を言う」という諺（ことわざ）があるくらい、気持ちの変化が目に現れます。それゆえ子どもたちは、少し戸惑ったかもしれません。

現在は、二〇二一年に出版した『小学生のための「レジリエンス」指導者ガイド』（マイケル・E・バーナード／山本利枝・松本有貴訳、ティティエスレジリエンス研究所発行、星雲社発売）において日本バージョンの表情カードを使っています（**図表2-6**参照）。

次に、「**気持ちの名前**」について考えてもらえるように、「感情の定義」というワークシートを使いました。「感情」という言葉を辞書で引くと、「気持ち」とか「心持ち」と表記されています。子どもたちには、感情を気持ちと同じ意味で使ってもらいました（**図表2-2**参照）。

小グループになり、それぞれのグループでワークシートの読み手を決めてもらいました。「幸せ」、「怒り」、「調子にのる」、「落ち込み」、「なまけている」、「心配」という六つの気持ちを表す言葉が上にあり、その下に六つの気持ちに関する説明文が書かれています。どの気持ちを説明する文章かを考えて、マッチングしていきます。

横に座っているクラスメイトと相談しながら、みんなが書き込んでいきました。しかし、この活動は、私が考えていたよりも子どもたちにとっては難しいことが分かりました。とくに、「ゆうつで、みじめで悲観的なことばかり」と「とても気がかりで、なやんでいる」が、「落ち込み」と「心配」のどちらの説明になるのとか迷っていました。考えてみれば、大人でも気持ちの説明をするというのは難しいことですから、無理もない話です。

そんななか、「ゆううつでみじめ」の言葉は「落ち込み」に、「とても気がかり」は「心配」に結びつけられる、と発言してくれた子どもがいました。ほかの子どもたちはというと、「そうか、なるほど……」とお互いの顔を見ながら納得していました。

授業を計画する段階では個人での活動として考えていたのですが、グループでの活動にしてよかったと思った瞬間です。

続いて、「**気持ちを伝えよう**」の学習です。

日本人は気持ちをなかなか表面に出さず、我慢をしてしまいがちですが、ＹＣＤＩレジリエンスプログラムでは、「五〇パーセントレベルの感情表出は普通のことです」と教えます。我慢しすぎて感情を抑え込んでしまい、あるレベルを超えるとコントロール不能になってしまうと大変なことになります。しかし、目の前にいる四年生の子どもたちは大変正直でした。さすが下町っ子、ストレートに感情表現ができるのでしょう。

「怒ると泣く人もいるし、別の人は赤くなって叫んだりする人もいるでしょう。ほかの人はどんな表し方をするのか、グループのなかで聞いてみましょう！」と声を掛けて、「悩んだらどうなるでしょうか？　落ち込んだらどうなるでしょうか？　気持ちは同じでも、人によって表し方に違いがあります」と伝えました。

現在抱いている気持ちの表情を書いて、周りの子どもたちに伝える練習をしたいと思い、表情を書くための用紙を新たに配布しようかと考えましたが、「表情カード」の裏側を使って自分の表情を書いてもらうことにしました。つまり、「表情カード」であればなくしてしまうことはないだろうと考えたわけです。

「六つの気持ちのなかから、今の気持ちの顔を書いてみましょう。難しいと感じる人がいるかもしれませんね。その場合は、『表情カード』を見本にして自分の表情を書いてみましょう」と、みんなに伝えました。

給食後の五時限目の授業ですから、すでに疲れて眠くなっている子どももいるでしょう。「だるい」、「なまけたい」という気持ちの子どももいるのではないかと思いましたが、私としては、「調子にのっているとき」、「幸せなとき」、「怒っているとき」、「心配しているとき」、「落ち込んだとき」、「なまけているとき」などから選んでほしかったというのが本音です。

すると、「このなかに、今の気持ちはないよ」と言う子どもがいたので、「ほかの表情を描きたい人がいるかもしれませんね。でも、今日はこの六つのなかから選んでみてください」と促しました。

ザワザワとしはじめたので、どうやら「表情」に着目して自分の顔を書いたことがないような

図表2－7

レッスン1　子ども用グループワークシート

名前（　　　　　　　　　　）

【気持ちについての質問】

1、どんな気持ちなのかはどうしたら分かりますか。

2、気持ちの表し方はどの人も同じですか。

3、すべての人は同じ出来事で同じ気持ちになりますか。

4、なぜ気持ちを表すことは大切なのでしょうか。

5、今までに、自分の気持ちを隠したことはありますか。

6、気持ちを隠し続けるとどうなると思いますか。



感じがしたのですが、意外にも、スムーズにみんなが描いていきました。近くの子どもたちと見せ合ったり、笑いながら、にぎやかに感想を言い合っていました。それらを見ると、明るく、ストレートに感情を表しており、ほかの人に十分伝えられるものになっていました。正直、びっくりしました。

次は、「**気持ちについての話し合い**」です。ワークシートを配り、そこに書かれてある「気持ちの質問」についてみんなで考えていくなかで、さらに一歩、気持ちについての理解を深めることが目的です。書かれている六つの質問を、各グループで一問ずつ受け持ち、話し合って考えを出してもらい、最後にクラス全体で共有しています。

にぎやかな話し合いです。私はというと、各グループを回りながら、子どもたちの発言に耳を傾けていました。グループでの話し合いということで、机の配置も普段とは違います。そのせいなのか、子どもたちが活発に見えます。どのグループからも、さまざまな意見が聞こえてきます。さすがにこの状況を文章として書き表すのは無理ですが、各グループが出した意見を紹介しておきましょう。

**グループ1――どんな気持ちなのかは、どうしたら分かりますか？**

この質問には、「顔で表す」、「声に出す」、「ジェスチャーもする」、「相手の表情を感じ取ることで分かる」という意見が出されました。

**グループ2――気持ちの表し方はどの人も同じですか？**

この質問には、簡単に「違う」という意見で一致しました。

**グループ3――すべての人は、同じ出来事に対して同じ気持ちになりますか？**

これに対しても「違います」と答えていました。一人の子どもが、「初めて自分の気持ちについて考えてみた」と言っていたのには驚きました。

**グループ4――なぜ、気持ちを表すことが大切なのでしょうか？**

「もし、ずっと我慢していたら体によくない」と考えた子どもがたくさんいました。子どもなりに、メンタルケアについて意識しているようです。

**グループ５――今までに、自分の気持ちを隠したことはありますか？**

「あります。お母さんに怒られたとき本当は悔しかったが、正直に言うともっと怒られるので我慢した」という、子どもらしい意見が出ていました。

**グループ６――気持ちを隠し続けるとどうなると思いますか？**

「気持ちを隠し続けると、我慢できなくなって爆発してしまう」と言った子どもが複数いました。素晴らしい！　さすがです。

四年生が考えたこれらの内容、みなさんはどのように感じましたか。真剣に、そして活発に、みんなで考えを出し合っている姿を間近に見た私は、改めて子どもたちの可能性を感じてしまいました。それだけに、ＹＣＤＩレジリエンスプログラムの授業をさらに広めて逆境に打ち勝つ子どもを育成していく重要性を再確認した次第です。

これらの意見をクラス全体で共有したあと、「宿題」の説明をしています。

日本の子どもたちは、塾や習い事で放課後はかなり忙しいと分かっていますので、宿題は極力出さないようにしたかったのですが、一度だけ、気持ちを学ぶための復習として、漫画『ドラえもん、ぼくを止めるのび太』（藤子・Ｆ・不二夫、小学館、二〇一四年）を使って、「のび太とド

図表２－８　レジリエンス便り No.3

**You Can Do It! 便り No.3**

山本利枝

４年生のみなさん、You Can Do It! プログラム「レジリエンス」を身につけましょう。

レッスン２　考え、気持ち、行動の違いについて知りましょう。

- 気持ちのビンゴゲームをします。
- 心の温度計をもち、使う練習をします。
- あなたの心の温度を計ってみましょう。
- 怒りなどの気持ちの強さにはレベルがあることが、分かるようになります。
- 気持ちのままに行動する前に、考えてから行動できるように練習をします。

ラえもんの気もちを予想する」という宿題を出しました。「ドラえもん」ということもあって、みんな喜んで宿題のプリントを受け取りました。そして、「二人の気持ちは、『怒り』、『心配』、『落ち込み』、『幸せ』のうちどれですか?」と説明して、みんなに書いてもらうようにお願いしました。

　どのような気持ちでも、読む人がドラえもんやのび太になって、感じたままが書いてあればすべて「○」です。言うまでもなく、感じ方は人それぞれなのです。

「冬休み明けに担任の先生に渡してください」と言ったあと、次回の予定を知ってもらうために「レジリエンス便りNo.3」を配布しました。三回目となる「レッスン２」は、「考え、気持ち、行動の違いについて学びましょう」です。大変重要なレッスンです。自分の気持ちに気付いたら、すぐに行動してしまうことなく、落ち着いて考えることで「気持ち」と「行動」がコントロールできることを学びます。

読者のみなさんに漫画『ドラえもん、ぼくを止めるのび太』を教材化したプリントを見ていただけないのが残念ですが、その内容の一部を紹介しておきましょう。

❶のび太はカップ麺を腹いっぱい食べるのが昔からの夢だった。おじさんにもらった一〇〇〇円でカップ麺を一〇個買って食べ出した。（そのときののび太の気持ちを予想する）

❷でも、食べきれるわけがない。のび太は「僕のバカ！　バカ！　どんなに好きだって一〇個も食べきれるわけがない」と言う。（このときののび太の気持ちは、怒り、心配、落ち込み、幸せのうちどれですか？）

❸プラモデルにすればよかったと後悔して、時間を一時間前に戻したいと考える。それを聞いたドラえもんが、「過去を勝手に変えるのはいけないことなんだぞ」とか「歴史がめちゃくちゃになっちゃうじゃないか」と言う。（このときのドラえもんの気持ちを想像する）

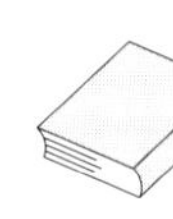

## 三回目の授業――レッスン2（二〇一六年一月一五日・金曜日）

お正月が過ぎて新しい年になりました。お正月明けということもあって、子どもたちは静かにニコニコと私を迎えてくれました。年の初めのさわやかな気分が伝わってきました。私も、自然に笑顔になります。

新年初めての出会いですので、「A happy new year（あけましておめでとうございます）You are well（みなさんお元気ですね）」と言って授業をはじめました。騒いでいて、子どもたちが話を聞いていないなーと思うと、このように短い英語で語り掛けています。

また、「Wait a moment!（ちょっと待って！）」と言うと、子どもたちは「う、なんだ？」という顔で口を閉じ、静かになります。そんなときは、注意されずに自分から静かにしてくれて素敵だね、という気持ちを込めて、「ありがとう」と言って授業を続けていきます。

この日に行うレッスン2は、前回の授業で予告したとおり「気持ちと行動の関係について」の学習です。しかし、冬休み明けです。年末に行った内容を忘れている場合もありますので、以下のことに関する復習からはじめました。

・自分の気持ちに気付けましたか。気持ちって何でしょうか。
・いくつぐらいの種類の気持ちに気付けましたか。
・気持ちに名前はあるでしょうか。
・たとえば、怒りを感じたとき、みんなはどのような顔（表情）をするでしょうか。
・相手に自分の気持ちを伝えることは必要でしょうか。
・気持ちの伝え方はどうすればよいでしょうか。我慢をすればよいのですか。

**【目標】**

考え、気持ち、行動の違いについて知りましょう。

**【レッスン2の内容】**

①子どもたちにありそうな出来事で、ひどく怒ったり、落ち込んだり、心配する気持ちが分かるようになる。

②自分に否定的な人や出来事に出合ったときの気持ちの強さが分かるようになる。また、否定的な出来事に出合ったときの気持ちの強さに段階があると分かるようになる。考え方によって違う気持ちになると分かるようになる。［参考文献12］

**図表2－9　レジリエンス指導案**第3回　年　月　日(　)　立　小学校　4年　組　校時
レッスン２　目標　考え、気持ち、行動のちがいについて知りましょう。

| | 時間 | 学習内容 | | | | |
|---|---|---|---|---|---|---|
| 導入 | ５分<br>５分 | 宿題に○をつけてもらう。(気持ちについての復習)<br>全体活動　次のことについて話し合う。<br>「Ａ君は大好きな消しゴムをＢ君に貸しました。Ｂ君はペンでいたずら書きをして二つに割ってしまいました。」<br>Ａ君はどんな気持ちになるか話し合う。<br>怒り、落ち込み、心配（不安）を感じることは普通のことであると認める。 | | | | |
| 展開 | 30分<br>A10分 | グループ活動<br>心のビンゴボードをする。<br>初めに１問読んでもらい、やり方を知る。<br>グループの一人が出来事カードを読む。ほかの子どもたちは心のビンゴボードに◯をつける。縦、横、斜めに丸が一列になる時にビンゴと言う。<br>同じ出来事を聞いても感じ方は人によって違うことを分かる。 | | | | |
| | B10分 | 全体活動　　　　　　　あなたの心の温度計を持ちましょう。<br>①先生の掲示用心の温度計を見て、どのぐらい私たちの心は熱いか、冷たいかを自分で気付く。<br>②極端にワクワクしたり、怒り、心配、落ち込みのときには温度が高いことを確認する。<br>③子ども用ワークシート心の温度計をもらう。<br>怒り、幸せ、心配、ワクワクドキドキの出来事を聞いて赤、青、緑、紫の色鉛筆で心の温度計に印をつけましょう。<br>自分の気持ちのレベルを温度で示すことで気付く。<br>④気持ちには強さによって段階があることを分かる。 | | | | |
| | レベル10 | 大変怒っている | 大変恥ずかしい | 大変嬉しい | 大変悲しい | 大変ワクワクする |
| | レベル５ | 怒っている | 恥ずかしい | 嬉しい | 悲しい | ワクワクする |
| | レベル０ | 怒っていない | 恥ずかしくない | 嬉しくない | 悲しくない | ワクワクしない |
| | C５分 | ⑤気持ちに（怒り）ついての話し合いをする。(ソフトクリームが売りきれた例)<br>怒ったときあなたはどうしますか。⟶店の人にどなる。壁をたたく。<br>体の変化⟶震える<br>どうなるか⟶店の人に嫌がられる。骨が折れる。<br>この怒りは役に立ちますか。⟶役に立たない<br><br>⑥考えを入れると行動が変わることを分かる。<br>売り切れで買えない⟶怒り⟶壁をたたく⟶骨が折れる | | | | |

| | 時間 | 学習内容 |
|---|---|---|
| | | ↑<br>「店をかえよう」⟶別の店に行く⟶アイスクリームを食べる<br>全体活動　考えを変えると、気持ちが変わり、行動にレジリエンスを入れられる。 |
| | D5分 | 絵本「ワニくんのおおきなあし」を聞く。<br>考えを変えたワニくんに学ぼう（レジリエンスを使う）<br>足が大きい⟶（困ったな）⟶冷やす⟶もっと大きくなる。⟶（よく考える）⟶<br>↑<br>「このままでよい」⟶おおきなあしの良い点に気付く⟶好きになる |
| まとめ | 5分 | 考えが違うと気持ちが変わり、行動が変わることを知り、確認する。 |
| 宿題 | | 行動に考えを入れる（心の温度計を使い、落ちついて考える）ことを家族に話す。<br>次回の予定<br>レジリエンスってなあに |

準備　心のビンゴワークシート（子ども用）　出来事の起きた場面ワークシート（子ども用）
温度計　心の温度計ワークシート（先生用拡大）
心の温度計ワークシート（子ども用）　心の温度をはかりましょうワークシート（先生用）
絵本『ワニくんのおおきなあし』（みやざきひろかず・さく・え・BL出版）

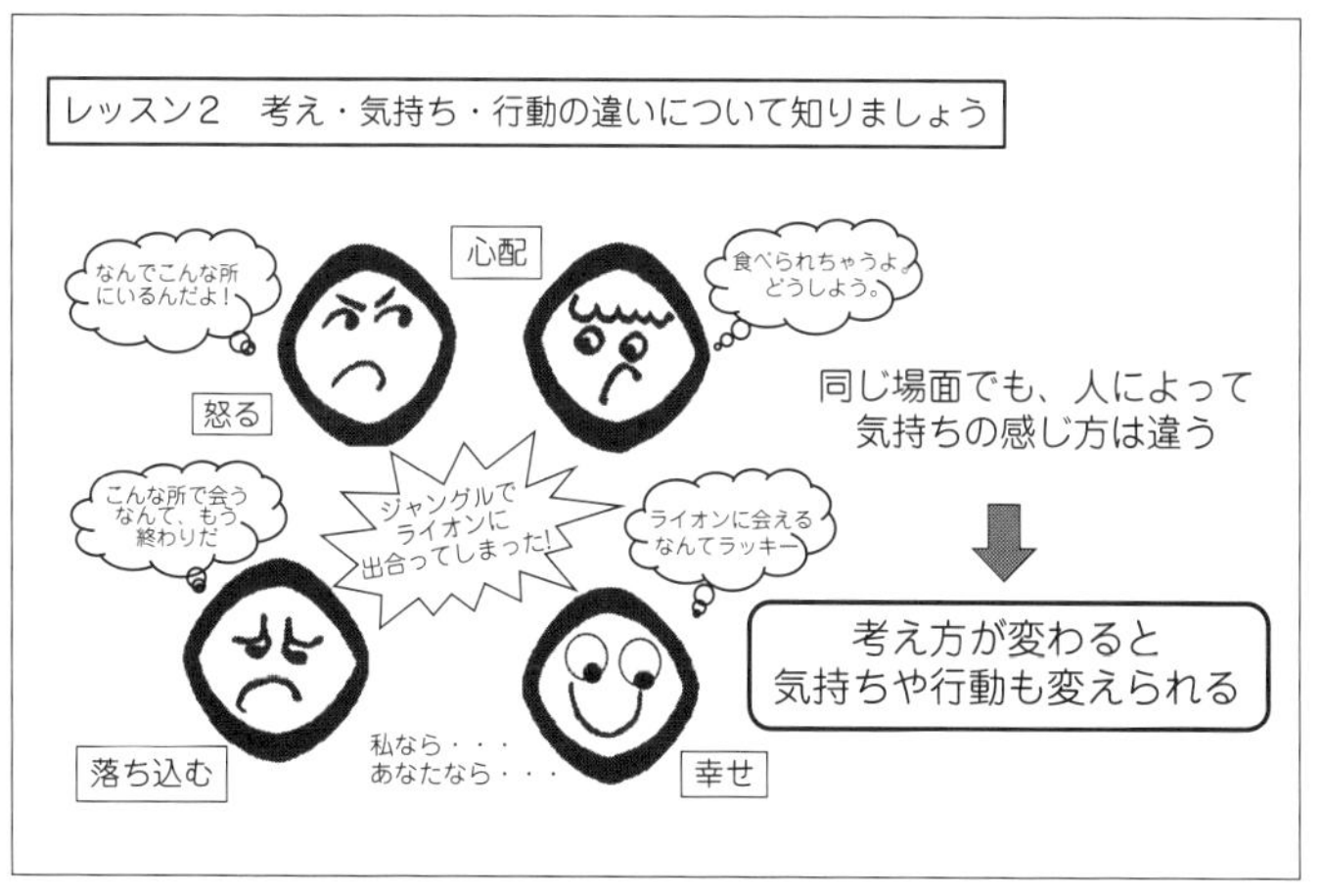

復習でのやり取りを聞いていて感じたことですが、これまで子どもたちは、日々、ほとんど意識することなく自分の気持ちを表出し、相手の気持ちにも反応していたのではないかと思われます。つまり、子どもたちは生まれて初めて「気持ち」についての授業を受けたということです。それをふまえて、この日の授業をはじめました。

授業の冒頭、「前回のレッスン1で、自分の気持ちに気付くという勉強をしましたね」と話して、表情カードの「六つの気持ち」を改めて見てもらいました。黒板に並んでいる表情カードを使って、「調子にのっているとき」、「幸せなとき」、「怒っているとき」、「心配しているとき」、「落ち込んだとき」、「なまけているとき」の表情と言葉をセットにして確かめていきました。

黒板には、英単語の書かれている「絵カード」を貼っていきます。気持ちを表す言葉と絵、「Angry（怒り）」や「worry（心配）」などです。気持ちを表す言葉を読みあげながら、表情カードとセットにして復習をしていきました。

## ◉ジャングルでの出合い

実は、前回の授業でできなかったことがありました。それは「ジャングルでの出合い」について考えてもらうことです。黒板には、ジャングルで出合うかもしれない動物の絵カードも貼られています。ライオンやサルなどです。これらを使って、ジャングルに入って、突然動物に出合ったときの気持ちについて考えてもらうことにしました。

「二人の子どもがジャングルに入っていきました。これから二人が出合うかもしれない危険やドキドキする場面を想像してみましょう。二人は、何に出合うでしょうか？」と尋ねると、一人の男子が「ライオン」と言うと、続けてほかの子どもが「ジャガー」と答えました。

「ライオンに出合うかもしれない……もしかして、あなたはライオンに出合いたかったのかしら。そのとき、どんな気持ちになりますか？」と尋ねると、即答で「うれしい！」と返ってきました。するとそれを聞いていた大勢の子どもたちから「ええー!!」という声が上がりました。

「ライオンは怖いと思う人？」と尋ねると、たくさんの子どもたちが手を挙げました。ライオンに出合うという同じ場面でも、うれしいと思う人もいれば怖いと思う人もいるのです。人によって違う気持ちになることが分かります。

もう一つ、別のエピソードを紹介しました。

「Ａくんは大好きな消しゴムをＢくんに貸しました。Ｂくんがそれを折ってしまい、そこにいたずら書きをして返してきました。Ａくんは、どんな気持ちになるでしょうか？」

子どもたちからは次々と、「いやな気持ちになる」、「ムカムカする」、「何やってんだよ（怒りで）腹が立つ」、「イライラする」、「落ち込む」、「弁償してほしい」、「相手の消しゴムも折ってやりたい」などの意見が出てきました。

どのような気持ちでも、感じるだけならＯＫです。しかし、その気持ちを相手に伝えるとき、伝え方を間違ってしまうと大変なこととなってしまいます。行動に移すとき、お互いに不幸にならないためにはどうしたらよいのかについても考えてもらいたいところです。

この学習に入る前に、冬休みの宿題であった「のび太とドラえもんの気持ち」について確かめました。前回の授業のときに渡していた八か所の「吹き出し」に書き入れた気持ちを発表してもらいました。

私が、「なるほど、いいですね」と言いながらプリントに丸を付けていきました。ほかの子どもが、同じ場面でも違う気持ちを書いていました。もちろん、それも丸です。最初は、「えー！みんないいの！」と不思議がっていました。「答えが一つ」という学習に慣れている子どもたち、みんな戸惑っているようでした。しかし、しばらくすると、ドラえもんとのび太の行動から予想した気持ちを書いてもよいということが分かってきたようです。同じ場面でも、人によって違う気持ちになることがここでも確認できました。

ここで、「心のビンゴクイズ」を提案しました。遊びながら、自分の気持ちに気付く練習をしていくわけです。前述したように、同じ出来事を聞いたとしても、どのような気持ちになるのかは人によって違います。

図表2－10　気持ちのビンゴ板

**気持ちのビンゴ板**

**説明**　先生が読んだあと、どんな気持ちになりますか。四角の中にまるを付けましょう。

| 落ち込み | 心配 | 怒り |
|---|---|---|
| 心配 | 怒り | 落ち込み |
| 怒り | 落ち込み | 心配 |

プログラムの目的：社会性と気持ちを学ぶ　レジリエンスレッスン小学生

次ページに掲載した「子ども用ワークシート出来事の起きた場面」（**図表2－11**）から「1誰かが、あなたを意地悪な呼び方をします」を私が読みあげました。これを聞いて、「落ち込む」のか「怒り」を感じるのか、「心配」になってしまうのかを、みんなが自分なりに選んで丸を付けていきました。

ほかの人と違っていてもよいのです。縦、横、斜めのいずれか一列に丸がついたら、「ビンゴ」と言ってもらうことにしました。

この日は、一〇問ほどの出来事を聞いてもらい、それぞれの気持ちを確かめました。子どもの好きなゲームを使って、自分の気持ちを感じる練習をしたわけです。次は、そのように感じた気持ちがどのくらいの強さであるのかを知ってもらう必要があります。

図表２－11　出来事の起きた場面

## 出来事が起きた場面（心のビンゴに使われます）

**説明**　先生が次のようなカードを読みあげます。みなさんはどのように感じるか、ビンゴボードの四角の中に駒を置きます。

| | | |
|---|---|---|
| 1．誰かが、あなたを意地悪な呼び方をします。 | 2．あなたのペットの犬が死んでしまいました。 | 3．テストでひどい点数を取りました。 |
| 4．先生が席替えをするように頼みました。 | 5．あなたはチームのレギュラーに選ばれませんでした。 | 6．あなたはお昼のお弁当用のお金を落としてしまいました。 |
| 7．あなたはバスに乗り遅れました。 | 8．あなたはお弁当を落としてしまいました。 | 9．親友があなたを無視しました。 |
| 10. あなたはみんなの前で発表しなければなりません。 | 11. 弟があなたの本に落書きをしました。 | 12. 宿題を忘れました。 |

プログラムの目的：社会性と気持ちを学ぶ　　レジリエンスレッスン小学生

そこで必要になるのが「**心の温度計**」です。自分が今どの程度落ち着いているのか、冷静に行動できているのかなどが分かるようになるために、「心の温度計」の使い方を練習します。

気持ちをどのようにコントロールして行動に移すのか、これは大きな課題となります。配布している「子ども用ワークシート　心の温度計」を出してもらいました。

「あなたの心にも、このような温度計が付いています。『レベル０』から『レベル10』までの目盛りが付いていますね。これで、あなたの心の温度を計ることができます」と伝え、「たとえば、気持ちが最高レベルの10のとき、そのまま行動をしてしまうとどんなことになるでしょうか？」と尋ねました。

さらに、「心の温度計を使えば、どのくらい私たちの心が熱いか冷たいのか、自分で気付くことができます。極端にワクワクするとき、怒り、心配、落ち込みのときには温度が高いです」と伝えました。

いよいよ、練習のスタートです。問題を読んでもらって、場面ごとに色を変えながら、レベル０〜10までの間に線を入れてい

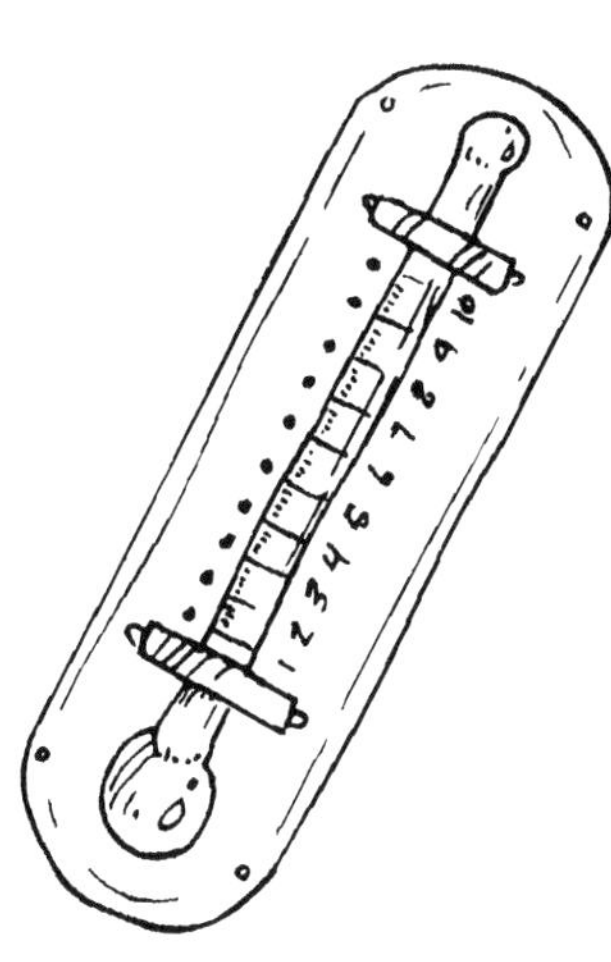


授業に使った「心の温度計」（旧バージョン）
©Michael E. Bernard. Ph.D. Founder, YCDI! Education

きました。たとえば、怒りの場面の設問である「Aくんは大好きな消しゴムをBくんに貸しました。Bくんは、消しゴムを折ってしまい、そこにいたずら書きをして返してきました」という怒りの気持ちには、みんなレベルの高い赤色の線を付けていました。

「明日、友達が遠くに引っ越してしまいます。あなたは悲しみを感じます」という設問に対しては、どのくらい悲しいのかを、それぞれが紫の色鉛筆を使って表していきました。ちなみに、そのレベルはさまざまでした。

合計五つの設問に対して、心の温度計を使って自分の気持ちのレベルを示してもらいましたが、初めはかなり高いレベルであっても、時間が経つと変わってくるものです。この作業を通して、自分の心には気持ちをコントロールする力があることが分かってもらえたと思っています。

## ソフトクリーム事件

気持ちのレベルが10というときに行動に移してしまうと、今よりもっと悪くなってしまうことを理解してもらうためのエピソードとして「ソフトクリーム事件」を題材にしました。

「ある人がソフトクリームを買うために、長い間並んで待っていました。でも、その人の前で売り切れてしまいました。さあ、あなたはどんな気持ちになるでしょうか?」と問いかけました。たくさんの子どもたちから手が挙がりました。

「今日初めて手を挙げる人は、人差し指で1を出してね」と言って、一回目の子どもたちを優先して答えてもらいました。

「悲しい」、「いじける」、「怒る」、「落ち込む」、「あーあ」などの発言がありましたが、そんななか、「別の所に行く」とか「自分の後ろの人の気持ちを考える」と言った子どもがいました。この二人の落ち着いた発言にびっくりしつつ、私は感心してしまいました。ほかの子どもたちの様子を見ると、「えーそうなの？」といった意外な顔をしていました。

実は、この話のなかで、ソフトクリームを買えなかった人は、あまりの怒りでこぶしを壁に打ちつけて骨を折してしまい、入院したという結末が付いています。ソフトクリームを食べられないばかりか、骨折までして入院してしまったのです。レベル10の気持ちのまま行動を起こすと大変なことになってしまうという事例です。落ち着いて考えることの大切さを学んでくれたと思っています。

ある出来事に遭遇したら、まずそれについて「考える」ことで気持ちが変わり、行動も変わることを学んでもらったわけですが、子どもたちは、さまざまな事例に対して元気に答えていました。このような光景、なかなか見られるものではありません。子どもたちが活発であればあるほど、授業を進めていく私にとっては楽しいものです。新年早々、充実した授業空間を味わうことができました。

図表２－12　レジリエンス便り No.4

**You Can Do It! 便り No.4**

４年生のみなさん、You Can Do It!（あなたはできます）プログラムで「レジリエンス」を身につけましょう。

レッスン３　かしこいレジリエンス
レジリエンスって、なあに！

・レジリエンスとは何かを、分かるようになります。
・レジリエンスがあることは、なぜよいのでしょうか。それについて考えてみましょう。
・大事件スケールを使って、出来事に対する気持ちにはレベルがあることが分かります。

　さらに授業は続きます。このあとは、「考えが変わると行動を変えられる」ということをテーマに、絵本『ワニくんのおおきなあし』（みやざきひろかず作・絵・BL出版、二〇一一年）を読んで、「気持ち」、「考え」、「行動」について確かめていきました。

　この絵本の内容を簡単に説明しておきましょう。

　みんなよりも大きな足をしているワニくん。そのせいで起きるいろいろな出来事に悩んでいました。大きな足を小さくしようと、洗濯機で洗ったり、冷蔵庫で冷やしたりといろいろ試してみますが、どれもうまくいきません。でも、よく考えてみたら、「足が大きいといいこともあるんだ」と気付くというお話です。要するに、「このままでいいんだ！」という自己発見を促す絵本となっています。

何歳になっても絵本の読み聞かせは楽しいようです。先にも述べたように、絵本には計り知れない力があります。先ほどのにぎやかさとは打って変わって、みんなニコニコとしながらしっかり耳を傾けていました。

最後に、「宿題です。おうちに帰って、ソフトクリームが食べられなくて骨折したという話を家族の人にしてください」と、冗談のように伝えてこの日の授業を終えました。今回も、「レジリエンス便り」（**図表２－12**）を配っています。

参考までに述べておきますが、この授業で使った心の温度計は改定されており、今は「歩く心の温度計」（**図表２－13**）となっています。私なりに考えてのことですが、「自分の行く所どこにでもこの温度計についてきてもらいましょう（心の温度計を持っていきましょう）」という気持ちを表すために改定されたのかな、と考えています。

もう一つ、先生用のガイドシートを紹介しておきましょう。

心の温度を学習するための予備のワークシートとして、六三ページに掲載した**図表２－14**があります。ご覧になって分かるように、気持ちの原因になる考えが書かれていますので、事例（出来事）が足りないときなどの参考にしてください。

図表２－13　改訂版「心の温度計」

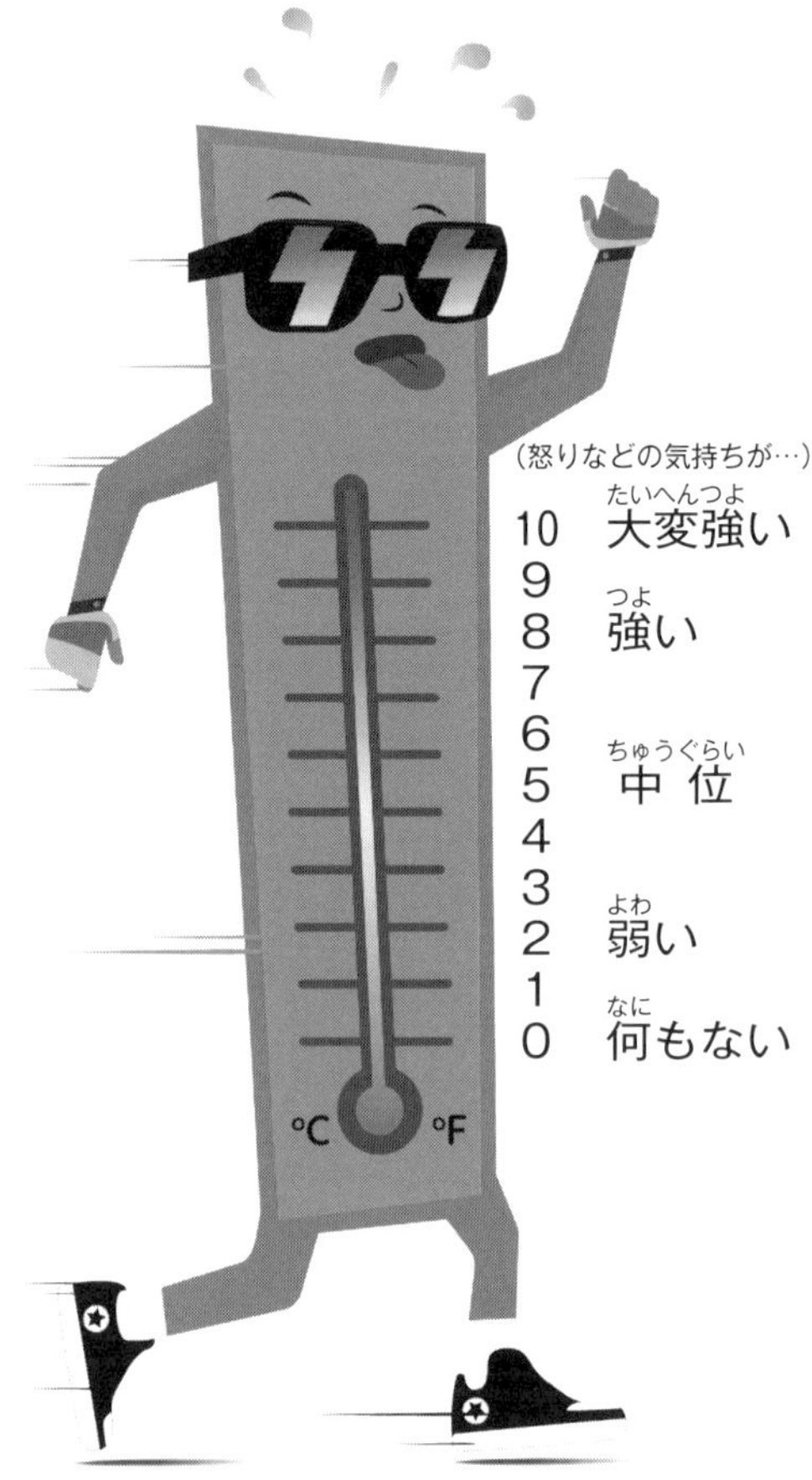


あなたは落ち着いていられますか

図表２−14　先生用ガイドシート

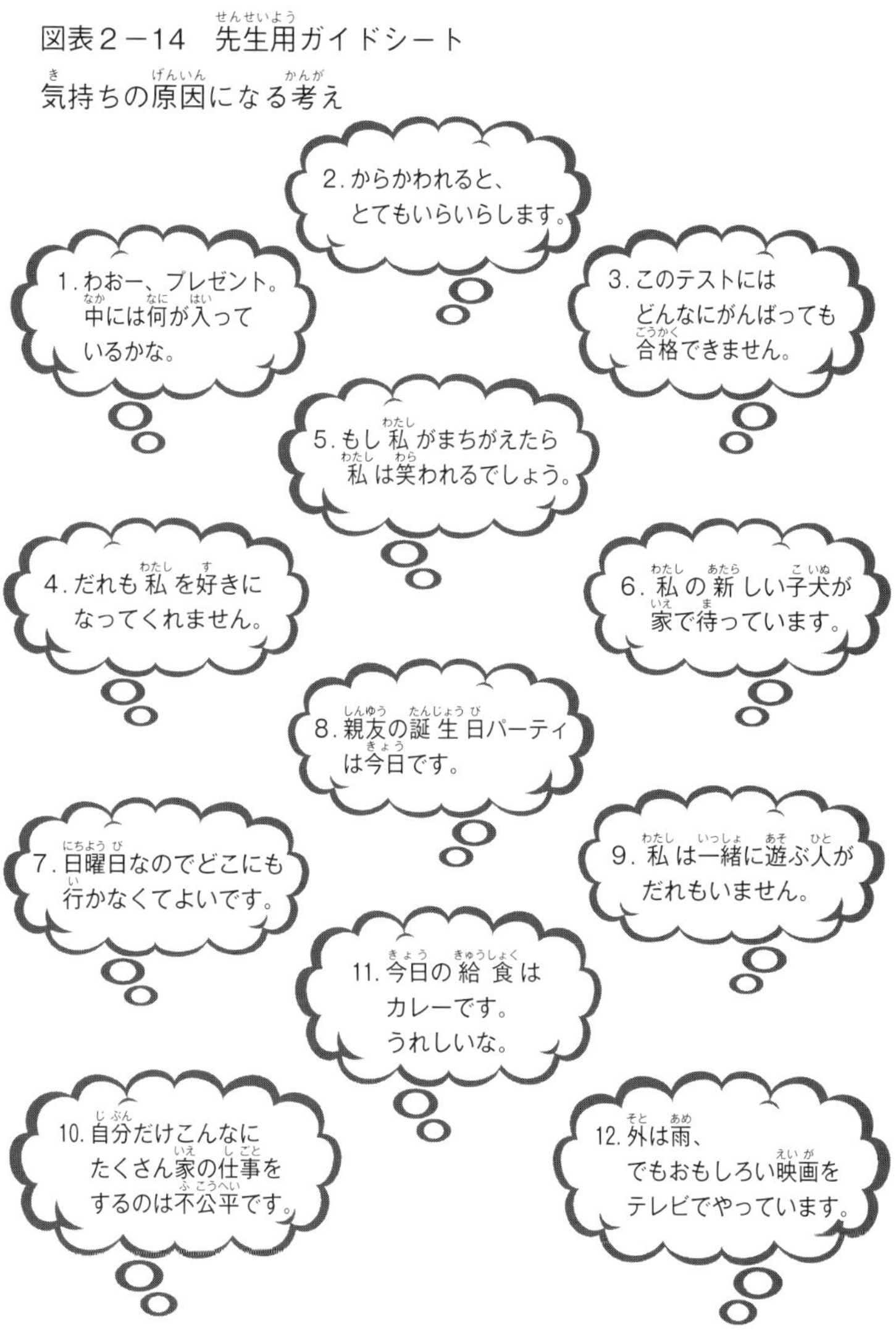


プログラムの目的：社会性と気持ちを学ぶ　　レジリエンスレッスン小学生

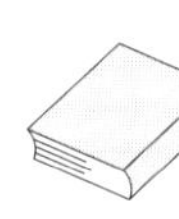

## 四回目の授業——レッスン3（二〇一六年一月二一日・木曜日）

　さて、授業の開始です。まず、黒板に今日の目標である「**レジリエンスってなあに**」と書かれているカードを貼りました。開始から四回目となる授業です。

　木曜日の五時限目と六時限目を使って、二クラスで進めてきました。ともに、とても賑やかで元気のよい四年生ですが、改めてビデオを見返してみると、なんて可愛い子どもたちなんでしょう、と思ってしまいます。素直に私の授業提案を受け入れてくれますし、絵本の読み聞かせも静かに、真剣に聞いていました。

　素直だから可愛い、と言っているわけではありません。自分の子ども時代や、かつて小学校で教えていたときに比べると、よい意味で子どもらしいのです。下町っ子ということもあって元気溌剌（はつらつ）ですが、さまざまな場面で「賢さ」を感じてしまったのです。このようなギャップが可愛く映ってしまったのです。

　授業がはじまる前の休憩時間を利用して、研究において参考

絵本の読み聞かせ

とするためにビデオ撮影用の機材をセットしました。私がその側を離れるとすぐ、いたずら好きの子ども数人が自分のノートに書いたマンガのキャラクターを映しにやって来ました。「怒られるよ」などと言い合いながら、カメラの前にノートを広げていました。どうやら、キン肉マンの絵のようです。やはり、見てもらいたいのでしょう。ついでにと、自分の顔もアップにしていました。どうですか、やはり可愛いと感じませんか。

さて、今日の目標と内容は以下のとおりです。

**【目標】**

レジリエンスとは何かについて知りましょう。

**【レッスン3の内容】**

①動揺することは普通であり健康的ですが、熱くなりすぎると解決が難しくなることを分かるようになる。
②レジリエンスとは何かを分かる。
③レジリエンスでないことは何かを伝えられるようになる。
④レジリエンスであることはなぜよいのかということを伝えられるようになる。
⑤悪い出来事には段階があることを分かるようになる。［参考文献12］

**図表2−15 レジリエンス指導案** 第4回　年　月　日(　)　立　小学校　4年　組　校時
レッスン３　目標　レジリエンスとは何かについて知りましょう。

| | 時間 | 学習内容 |
|---|---|---|
| 導入 | ５分 | 本時の目標を知る。<br>全体活動　ワニくんの自分の考えを変える力について復習する。<br>足が大きい→「困ったな」→→冷やす→もっと大きくなる<br>↑<br>「大きいことの便利さを考える」→好きになる<br>前回までのレッスンの復習をする。<br>・感じるたくさんの気持ちについて。<br>・心の温度を下げる方法について。<br>(気持ち→「考え」→行動) |
| 展開 | 30分<br>Ａ５分 | レジリエンスについて知る。レジリエンスとは何か。<br>全体活動　今までの学習からレジリエンスのある人はどんな人かを予想してみる。<br>たねを守ったクマ、小鳥、リス<br>「いじっぱりなクマと不思議なたね」<br>ワニ　「ワニくんのおおきなあし」<br>レジリエンスの定義（バーナード）<br>１　自分の気持ちに気付く<br>２　落ちついて（考えて）いること<br>３　ケンカをしないこと、逃げ出さないこと<br>４　元気にまた勉強や遊びに戻ること<br>困難な時に落ち着かせたり、行動を変えたりして、幸せになるカギの一つがレジリエンスであることを知る。 |
| | B10分 | 全体活動　レジリエンスなキャラクターについて考える。<br>レジリエンスなキャラクターについて読んでもらって知る。<br>・絵本「こんとあき」<br>・こんとあきの勇気に学ぶ。二人旅で起きる事件。<br>・こん（どんなときにもいいからいいからと乗り切る。）<br>・あき（こんを治してもらいたい強い気持ちで進んでいく。） |
| | Ｃ５分 | 全体活動　大事件スケール<br>・アイスクリーム売り切れ事件について聞く。<br>・スケールのレベルについて知る。<br>・90－100　戦争、津波などの自然災害<br>・70－90　自動車事故、ペットが死んでしまった<br>・30－60　テストに失敗した、ちょっとした事件<br>・０－30　アイスクリームを食べ損ねた<br>ご飯を食べ損ねたなど、少し悪い事件 |

| | 時間 | 学習内容 |
|---|---|---|
| | D5分 | 個人活動　大事件スケールをもらう。<br>出来事ワークシートをもらう。<br><br>大事件スケールを見ながら、出来事ワークシートの①～④までに、スケールのレベルを数字で書く。（0～100までの数字で）<br>（落ち着くと元気を取り戻すことができる。レベルは変わってくる） |
| まとめ<br><br><br><br><br><br><br>宿題 | 10分 | 二人組・全体活動　始め、隣同士で話し合ってクラスの中でのレジリエンスの場面を思い出し、次に全体で話し合う。<br>・落ちついて考えて行動したら、うまくいった場面を話し合う。<br>・毎日レジリエンスの意味を思い出すことの大切さを分かる。<br>宿題（来週までにあと⑤～⑧のレベルを記入してくる）<br>宿題でレジリンスな場面を家族で話し合う。<br>次回の予定<br>レジリエンスを高めましょう。 |

大事件スケールワークシート、子ども用ワークシート　出来事
絵本「こんとあき」（林明子・作・福音館書店）

絵本の読み聞かせ

この日も前回の復習から入る予定でしたが、落ち着いて考えることの大切さを分かってほしかったので、私の失敗談をまず聞いてもらいました。レジリエンスプログラムに助けられたというエピソードです。

あるとき、書きかけの論文のデータが入っているUSBメモリーがカバンの中で見当たらなくなり、大慌てをしてしまったときの話です。

「どうしよう？　今では命と健康の次に大切なUSBメモリーがなくなったら大変なことになる」という気持ちが時間とともに湧いてきて、プチパニックになっていたと思います。カバンを全部ひっくり返して探しました。でも、慌てているから見つかりません。そこで、心の中で「落ち着いて（Stay calm!）」と叫びました。

すると少しパニックが収まり、カバンの中にある書類を端から丁寧に見直しました。うれしいことに、書類の束に挟まっていました。よく考えてみれば、命と健康の次に大切なUSBメモリーをなくすはずがないのです。大変なことが起こったときこそ、落ちついて「考える」必要があるということです。

つまり、子どもたちに、行動を起こす前に「考え」を頭に入れると気持ちが変わり、自分の行動も変わっていくという体験を話したわけです。みんな、静かに耳を傾けて聞いていました。

続いて復習です。前回に読んだ絵本『ワニくんのおおきなあし』から、自分の考えを変える力について復習をしました。絵本には次のようなことが書かれています。

足が大きい ──→「困ったな」──→ 冷やしました。 ──→ もっと大きくなってしまいました。

どうやら、足の大きさは小さくできないことが分かりました。そこで、足が大きいことの便利さを考えました。

すると、強い風のときに自分をしっかりと支えてくれたこと、水の中でも大きな足のおかげでとても速く泳げることを思い出しました。そして、最後には、とても嫌いだった大きな足が好きになったのです。

このとき私は、「心の中にたくさんの気持ちが出てきたときに心の温度を下げる方法は、気持ちだけで行動には移さず、まず落ち着いて考えることです。すると、心の温度が下がってきましたね」と話しています。「気持ち」→「考える」→「行動」、これはとても大切なことです。

次は、「**レジリエンスとはなにか**」について知る学習です。

「今までの学習から、レジリエンスのある人はどんな人かを思い出してみてください。絵本『いじっぱりなクマと不思議なたね』に出てくる種を守ったクマ、小鳥、リス。そして、絵本『ワニくんのおおきなあし』に出てくるワニくんは、どんなときにレジリエンスを使っているでしょうか？」と問いかけました。だからといって、子どもたちからの答えを期待しているわけではありません。ここでの問いかけは、バーナード先生が提案している「レジリエンスの意味を学習に導入にする」ためのものです。

黒板には、以下の四つの「**レジリエンスの定義**」を表示しました。

**「レジリエンス」ってなあに？**

❶自分の気持ちに気付く力
❷落ち着いていることができる力
❸つらいときに気分を変える力
❹元気を回復して学習や遊びに戻る力

そして、「困難なときに落ち着き、行動を変えられ、今より悪くしないためのカギの一つがレジリエンスです」と説明しています。

続いて行ったのが「**大事件スケール**」の紹介で、その使い方についても学びました。

図表２－16　子ども用ワークシート　大事件スケール

## 大事件スケール

**悪い出来事をさらにひどくしないようにしましょう。**

プログラムの目的：社会性と気持ちを学ぶ　　　レジリエンスレッスン小学生

図表２－17　子ども用ワークシート　出来事

| お父さんかお母さんがあなたをしかります。 | 学校に宿題を持っていくのを忘れてしまいます。 |
|---|---|
| 友達とケンカをしてしまいます。 | 鉄棒から落ちて、けがをします。 |
| 間違えると笑われます。 | 並ぶときあなたは一番ではありません。 |
| 先生や大人があなたをしかります。 | テストを受けますがよく出来ません。 |
| 学校で勉強がよく分かりません。 | サッカーで、チームが試合に負けてしまいます。 |
| あなたが試合に出た時、負けます。 | 日焼けして痛いです。 |
| 誰かが意地悪な呼び方をします。 | 学校に遅刻します。 |
| 親友が遠くに引っ越してしまいます。 | 両親はあなた以上に妹や弟をかわいがります。 |
| 一緒に遊ぶ友達がいません。 | あなたの欲しいものを両親は買ってくれません。 |
| 弟や妹があなたに命令します。 | 出番がありません。 |
| あなたの大事なおもちゃがこわれます。 | とても大切なものをなくします。 |
| 夕ごはんにきらいなものがでます。 | 新しい髪型が気に入りません。 |
| 病気になったのであなたの誕生日会がキャンセルになります。 | 誰かがあなたをからかいます。 |
| とても疲れています。 | |

プログラムの目的：社会性と気持ちを学ぶ　　レジリエンスレッスン小学生

図表2－18

レッスン3　大事件スケール用ワークシート

名前（　　　　　　　　　　　　）

例　新しい髪型が気に入りません

最初のスケール（50）　確認後のスケール（　　　）

①お父さんかお母さんがあなたをしかります。

スケール（　　　）　（　　　）

②友達とケンカをしてしまいます。

スケール（　　　）　（　　　）

③学校で勉強がよく分かりません。

スケール（　　　）　（　　　）

④いじわるな呼び方をされます。

スケール（　　　）　（　　　）

⑤学校に宿題を持っていくのを忘れてしまいます。

スケール（　　　）　（　　　）

⑥テストを受けるけれども良い点数が取れません。

スケール（　　　）　（　　　）

⑦あなたのほしいものを両親が買ってくれません。

スケール（　　　）　（　　　）

⑧誰かがあなたをからかいます。

スケール（　　　）　（　　　）

プログラムの目的：社会性と気持ちを学ぶ　　レジリエンスレッスン小学生

黒板に「私の新しい髪型が気に入りません」（スケール50）と書きました。これは私のことです。美容院に行ったのですが、疲れていたためにウトウトしてしまい、眠っている間に予想よりも短く切られてしまったのです。眠りから覚めて、ハッと気付いたときの気持ちです。自分のなかで、嫌な気持ちのレベルが50くらいであると感じたわけです。

子どもたちに、「出来事」のワークシートのページを開けてもらいました。**図表2-17**（七二ページ）のように、二七種類の「出来事」が書かれています。とても、授業時間内にすべてについて尋ねることはできません。

そこで、子どもたちが使いやすいように、「レッスン3　大事件スケール用ワークシート」（**図表2-18**）を配布しました。これを使って、周りで日常的に起きている出来事について、自分の感じ方を「大事件スケール」（**図表2-19**）のレベルと比べてみて、気持ちの数値が下がって落ち着けるかどうかを体験してもらうわけです。

例として挙げた「新しい髪型が気に入りません」に、子どもたちが感じたスケールのレベルを書き入れてもらいました。

「ぼくは髪型なんて気にしないよ。10くらいだよ」と言っている子どもがいました。よく見ると、彼の髪型は短く刈られていました。「なるほど、気にならないよね」と、私は納得してしまいました。一方、女子はどうかというと、かなり真剣な様子で数字を書き込んでいました。

図表２－19　大事件スケール（日本版）

どのくらい大事件だった？

“思ってるほど悪くはない！?”

本当はどのくらいの出来事だったか計測してみよう！

次に、「大事件スケール用のワークシート」から四つを選んでもらい、そのレベル（0～100まで）を数字で入れてもらいました。もちろん、自分なりに感じたままの数値を入れてもらっています。そのあとで「大事件スケール」を開けてもらいました。自分の書いたレベルと「大事件スケール」のレベルを比べてもらったのです。

「確かめてみて、書き換えたい人は右側のカッコに数値を入れてください」と伝えました。

さすが好奇心が豊かな子どもたち、私の髪型の件についても確かめていました。「大事件スケール」で「50」の上あたりを見ると、交通事故のシーンが描かれています。私が美容院で体験して、感じているようなものではありません。やはり、先ほどの男子が言ったように「10」ぐらいのレベルなのでしょう。

子どもたちに、「世界で一番悪い出来事って何かな？」と尋ねてみました。

「人の命がなくなってしまうこと」とつぶやいた子どもがいました。多くの場合、回答が当たり前のことであれば、そのまま聞き流してしまうものです。多くの教師が、このあと「ほかにありませんか？」と言って、別の回答を要求しているのではないでしょうか。そして、最後に、「たくさん意見が出ましたね。みんなも悪い出来事に遭わないようにしてください」と言って終わりにしているはずです。

子どものつぶやきは想像以上に適切なものです。ひょっとしたら、この子どもは、前日の夜に保護者と一緒にテレビのニュースで戦争の様子を目にして、そのときに感じたことを伝えたかったのかもしれません。「なぜ、そう思うの？」とさらに尋ねるなどして、「大事件スケール」を自分なりに修正していくようにしてください。

「大事件スケール」に描かれている出来事と数値を紹介しておきましょう。

戦争や津波などの自然災害は90〜100、自動車事故、ペットが死んでしまったは70〜90、テストに失敗した、ちょっとした事件は30〜60、アイスクリームを食べ損ねた、ご飯を食べ損ねたなどは0〜30です。

「大事件スケール用のワークシート」にあったすべての出来事の数値を「大事件スケール」のものと比べてみました。すると子どもたちは、自分なりに書き込んだ数値を、納得した様子で書き換えていました。子どもでも、落ち着いて考えると感じ方が変わってくるのです。

この「大事件スケール」はとても役に立ちます。子どもだけではなく、大人も大変参考になります。「もっと早くこれを知っていれば、自分の人生も変わったかもしれない」と話している校長先生がいたほどです。

現在は、七五ページに掲載した図のように日本版もありますので、使いやすいほうを使ってレッスンを行ってください。

この日は、絵本『こんとあき』（作・林明子、福音館書店、二〇一四年）の読み聞かせも行っています。ＹＣＤＩレジリエンスプログラムで紹介する三冊目となります。レジリエンスなキャラクターブックとして選んだものですが、プログラムを行うなかで選んだ本では一番長いお話です。それでも、子どもたちはしっかり聞いてくれました。

この絵本は、登場人物の「こんとあき」の勇気に学ぶといった内容となっています。砂丘が広がる町に住んでいるおばあちゃんの家まで旅をするのですが、その途中で起きるさまざまな事件を二人で乗り越えていくという物語です。

「こん」は、どんなときにも「いいからいいから」と言って乗り切っていきます。一方、「あき」は、ぬいぐるみの「こん」をおばあちゃんに治してもらいたいという一心で旅を続けていきました。

読み終えてから、「このクラスのなかでも、こんやあきのようにレジリエンスな行動をしている人を見つけていきましょう！」と言ったあと、「今日は時間がないので、少しだけ練習をしますね」と付け加えました。

まずは、隣同士で、クラスのなかでレジリエンスな場面を見つけたかどうかについて話し合ってもらいました。次に、「二人の間ではどのような意見が出ましたか？」と尋ね、それをみんなの前で発表してもらいました。そのなかには、「落ち着いて考えて行動したら、うまくいった」

図表2－20　レジリエンス便り No.5

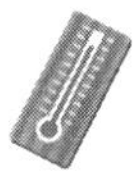

**You Can Do It! 便(たよ)り No.5**

4年生のみなさん、You Can Do It!（あなたはできます）プログラムで「レジリエンス」を身(み)につけましょう。

レッスン4　レジリエンスをパワーアップする力をつけましょう

- ・自分を許すこと。
- ・いやなことがあってもリラックス（呼吸）すると落ち着くことができます。
- ・困ったときは人と話すことで落ち着くことができます。
- ・困ったときは運動することで気持ちを回復することができます。

という発表もありました。

このような形で、毎日、レジリエンスのスキルを思い出してもらい、使うことの大切さを確かめていったわけです。

絵本『こんとあき』は、やはり授業中に読むには少し長い内容であったため、この日は時間切れとなってしまい、残りの部分は聞いてもらうだけにしました。

そして、「レジリエンス便り No.5」を渡しながら、次回の予定は「レジリエンスを高めましょう」であることを伝えてこの日の授業を終えました。

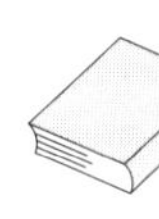

## 五回目の授業――レッスン5（二〇一六年一月二九日・金曜日）

この日は「レッスン4　レジリエンスを高める運動」の予定でしたが、体育館の使用ができなかったために「レッスン5　レジリエンスを回復する方法を学びましょう」に変更になりました。学校では常にハプニングがありますが、急な変更にもかかわらず、柔軟に行動ができる子どもたちの姿、本当に素敵です。休み時間のうちに、研究用として撮影するために設置してあるビデオカメラのスイッチまでちゃんと入れてくれました。

**【目標】**

頭を使ってじょうずに考えましょう。

**【レッスン5の内容】**

①怒りをコントロールし、自分の気持ちを回復するために、ほかの人の考えや行動を許す気持ちになれる。

②「不公平な考えだから許すことはできない」から、「不公平な考えだが許すことができる」という前向きな考え方に変えられるようになる。［参考文献12］

**図表2−21　レジリエンス指導案** 第5回　年　月　日(　)　立　小学校　4年　組　校時
レッスン5　目標　頭を使ってじょうずに考えましょう。

<table>
<tr><td></td><td>時間</td><td colspan="4">学習内容</td></tr>
<tr><td>導入</td><td>5分</td><td colspan="4">復習　レジリエンスを助ける行動を思い出しましょう<br>①自分の気持ちに気付く。<br>②今より悪くならないようにする。(大事件スケール)<br>③自分自身の失敗を許す。　レッスン4　来週<br>④リラックス呼吸法5−3−5をする。　レッスン4　来週<br>⑤話す人を見つける。　レッスン4　来週<br>⑥運動をする。　レッスン4　来週</td></tr>
<tr><td>展開</td><td>30分<br>A10分</td><td colspan="4">全体活動　七つ目のスキル<br>「他の人を受け入れる考え」について分かる。</td></tr>
<tr><td></td><td>1</td><td colspan="4">不公平な接し方をされたり、したことがあるかを話し合う。<br>(誰でもが人に不公平な行動をすることがある。)</td></tr>
<tr><td></td><td>2</td><td colspan="4">1回の行動や、見た目で人を判断することをしないことについて聞く。<br>例　いたずらをするが、優しいところもある人<br>　　怖そうだが、優しい人</td></tr>
<tr><td></td><td>3</td><td colspan="4">自分に他の人は常に親切に公平に接するべきだと考える。<br>そうでない時に強く怒りを感じ、我慢できない時がある。</td></tr>
<tr><td></td><td>B5分</td><td colspan="4">絵本「くもさんおへんじどうしたの」を聞く<br>うし、ひつじ、やぎ、ぶた、犬、ねこ、あひるに声をかけられても返事をしない。<br>巣を作るのに忙しい。<br>ほかの動物を無視している。まったく一緒に行動しない。確かに悪いが、クモには理由がある。<br>相手の気持ちを予想すると理由が分かり、受け入れやすくなることを知る。</td></tr>
<tr><td></td><td>C10分</td><td colspan="4">全体活動　マイナスな考え、プラスな考え</td></tr>
<tr><td></td><td>1</td><td></td><td>行動</td><td>マイナスな考え</td><td>プラスの考え</td></tr>
<tr><td></td><td></td><td>うし、ひつじ<br>やぎぶた<br>犬、ネコ</td><td>呼んでいる<br>誘っている</td><td>無視している<br>聞こえないふり<br>している</td><td>忙しいのかな<br>聞こえないのかな</td></tr>
<tr><td></td><td>3</td><td>くもさん</td><td>返事をしない</td><td>忙しいのに<br>うるさいな</td><td>誘ってくれている。<br>でも忙しい</td></tr>
<tr><td></td><td>D5分</td><td colspan="4">話し合って表を完成する。<br>全体活動　八つ目のスキル　不公平なことが起きた時、乗りこえる方法を知る。<br>オリンピックの水泳選手が失格した。<br>1　不公平だ。もうやめる（受け入れない考え）</td></tr>
</table>

| | 時間 | 学習内容 |
|---|---|---|
| まとめ | 10分 | 2　自分がスタートに失敗した。次に頑張ろう。<br>（相手を受け入れる考え）<br>レジリエンスリストの（　　　）に「公平ではない」を書く。<br>（公平ではない）がうまく乗り越えます。<br>（公平ではない）が最悪ではありません。<br>（公平ではない）がこの世の終わりではありません、<br>（公平ではない）が何とか立ちなおれます。<br>行動にレジリエンスを活かそう。（宿題） |

| 家族の出来事 | マイナスな考え | プラスな考え |
|---|---|---|
| 1 | | |
| 2 | | |
| 3 | | |

不公平を受け入れられますか（子ども用ワークシート）
絵本　「くもさんおへんじどうしたの」　（エリック＝カール作・もりひさし訳・偕成社）
レジリエンスリスト

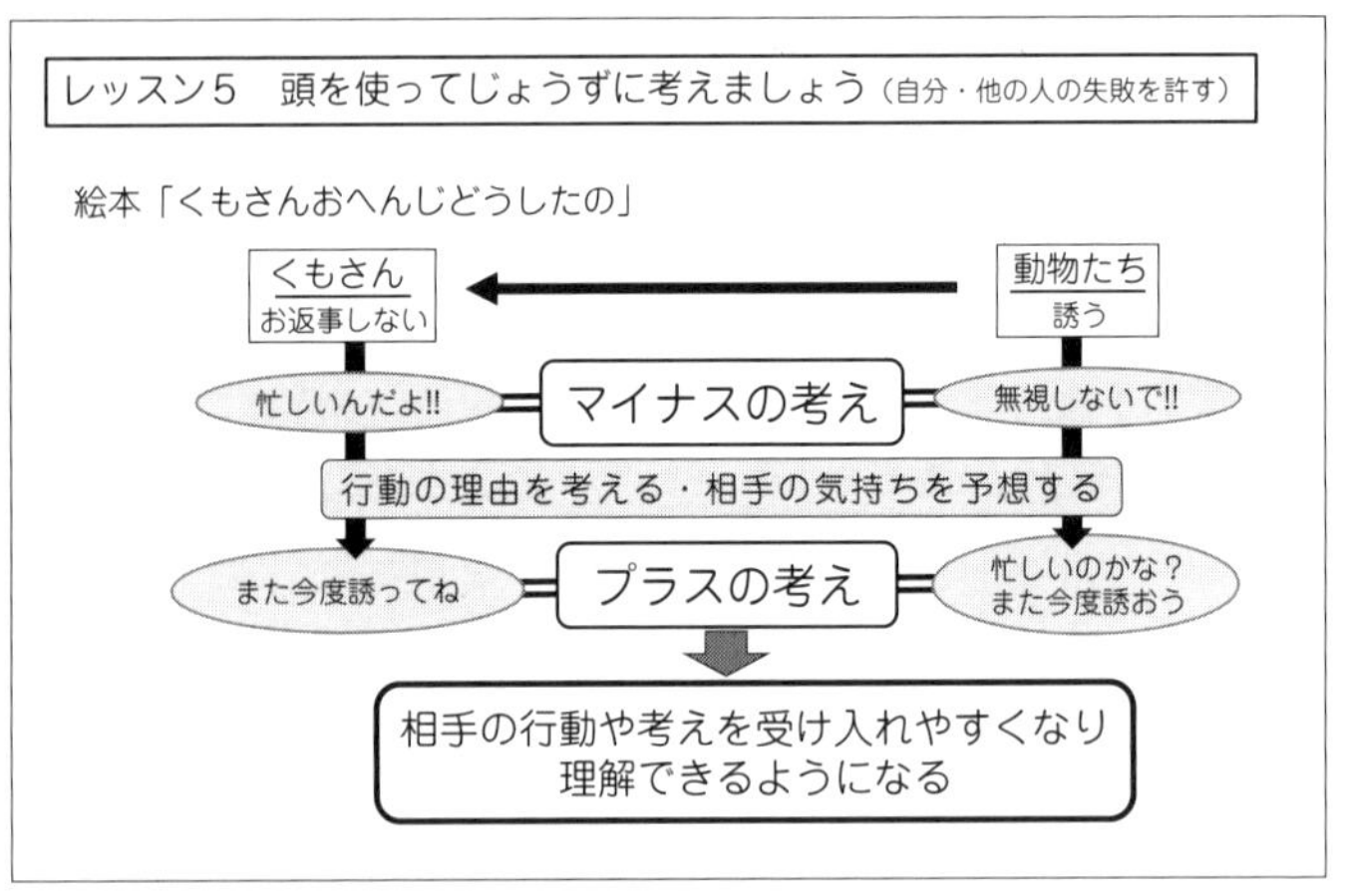

チャイムが鳴ってから、授業用のワークシート集を担任の先生が配りました。相変わらずにぎやかなクラスですが、授業がはじまると私に注目してくれるようになりました。

「大変申し訳ないのですが、今日の五時限目に体育館が使えないことになったので、授業の順番を入れ替えたいと思います。九つあるレジリエンスを身につけるためにパワーアップする力の3から6までを勉強する『レッスン4』は次の週になりました」

と、子どもたちに断って授業をはじめました。ちなみに、パワーアップする力の3は「自分を受け入れて許す」、4は「リラックス（5－3－5呼吸法）」、5は「話す人を見つけよう」、そして6は「運動をする」です。

続けて、「今までに学んできたレジリエンスを助ける行動を思い出しましょう。まず、気持ちについて学

休み時間に、授業の流れを考えてキーワードを黒板に貼っていきます

びました（レッスン1）。『心の温度計』を使いながら、考えや気持ちの行動の違いについて知り（レッスン2）、賢いレジリエンスを学んで、これ以上悪くしないこと（大事件スケール・レッスン3）まで学んできました」と言って、これまでに学んできたレジリエンス・レッスンの内容をみんなで確かめました。

「今日は、頭を使って考えてもらい、『ほかの人を受け入れる考え』について勉強します。これは、『レジリエンス7　ほかの人の失敗を許す』と、『レジリエンス8　公平ではないが乗り越えられる』のレッスンです」と紹介しました。つまり、不公平な接し方をされたことがあるか、または、したことがあるかについて話し合うわけです。

子どもたちから、「不公平な行動をとることがあるし、されたこともある」という意見が出ました。それをふまえて、「一回の行動や、見た目だけで人を判断したことがありますか」についても話し合うと伝えました。このとき、次のような発言がありました。

「いたずらをするが優しいところもある人、怖そうだが優しい人もいる」

「ほかの人には、常に親切に、公平に接するべき」

「もし、そうでないときには強く怒りを感じ、我慢できないときがある」

どれも、なかなかしっかりした意見です。

「今日は、まず七つ目のスキル『ほかの人の失敗を許す』について学習します。人の失敗を許すためにはどうしたらよいかについて考えましょう。自分の失敗を許せる人は、ほかの人の失敗も許せます。たくさん失敗している人ほど、自分を許す練習をしていることになりますね。自分を許して初めて、ほかの人も許すことができます」と話したのですが、すでに数々の失敗をしているのか、真剣に耳を傾けていました。

続けて、「これは、大人には大変難しいことです。失敗しやすい人はハッピーな人です。失敗は成功の糧です。そういう人は、ほかの人の失敗を許せる力をもっています」と話したところ、大人に難しいことなんてあるのか、といった疑問な表情を示しつつ、ニコニコしながら聞いていました。

次に、八つ目の「不公平を乗り越える」にはどうすればよいかについて考えてもらいました。そんな場面にふさわしいと思って選んだ絵本が『くもさん　おへんじどうしたの』（エリック＝カール作、もりひさし訳、偕成社、二〇〇九年）です。この絵本は立体的につくられています。クモの巣に触ると、飛び出す絵本のように盛り上がってきます。子どもたちは順番に触って、巣の感触を味わいました。

くもさんは、うし、ひつじ、やぎ、ぶた、犬、ねこ、あひるに声をかけられても、誘われても、返事をしません。食べ物をつかまえるための巣をつくるのに忙しかったのです。ほかの動物から

図表２－22　マイナスな考え、プラスな考え

| 動物、昆虫 | 行動 | マイナスな考え | プラスの考え |
|---|---|---|---|
| うし、ひつじ<br>やぎ、ぶた<br>犬、ねこ | 呼んでいる。<br>誘っている。 | 無視している、<br>聞こえないふりをしている | 忙しいのかな<br>聞こえないのかな |
| くもさん | まったく<br>返事をしない | 忙しいのに、<br>うるさいな | 誘ってくれている。<br>でも、忙しい |

すると、無視されているように感じてしまいます。いくら誘っても、まったく一緒に行動をしませんでした。

返事をしないことは確かに悪いのですが、くもさんにはそれなりの理由があったのです。読み進めていくと、早く巣をつくらないといけない理由がはっきりしてきました。

相手の気持ちを予想すると理由が分かり、受け入れやすくなることが分かりました。そこで、動物の行動を「マイナスな考え」と「プラスな考え」に分けて考えてみることにしました。みんなで話し合って完成させたのが**図表２－22**です。

完成した表を見ると、それぞれの行動や考えにはなにがしかの理由があることが分かってきました。「無視された」と、一概に決めてしまわないほうがよいことも分かります。マイナスの考えの裏側にはプラスの考えもあります。子どもたちも、それを見つける必要があると分かってきたようです。

大人の世界でも、このようなケースが多々あるかと思います。忙しく、考え事をしているときに声をかけられても、耳と意識

図表2－23

| レッスン5　子ども用ワークシート |  |
|---|---|
|  | 名前（　　　　　　　　　） |
| 【不公平なことが起きたとき、受け入れられますか？】 |  |
| 1（　　　　　　　　　） | が、うまく乗り越えます。 |
| 2（　　　　　　　　　） | が、最悪ではありません。 |
| 3（　　　　　　　　　） | が、この世の終わりではありません。 |
| 4（　　　　　　　　　） | が、何とか立ち直れます。 |

プログラムの目的：社会性と気持ちを学ぶ　　レジリエンスレッスン小学生



が声のほうに向きません。何度か声をかけてくれれば、「ごめん、考え事をしていた」と言って謝ることができますが、一回だけで判断されてしまうと、これまでの関係が壊れてしまうといったこともあります。声をかけるほうにも、大いなる配慮が必要であるということです。

「**不公平なことが起きたときに乗り越えられる**」（八つ目のスキル）の例として挙げたのは、「オリンピックの水泳選手が失格しました」です。

スタートに失敗した一人目の選手は、「自分だけを失格にしたので、不公平だからやめます」と言ってレースへの参加を取りやめました（相手を受け入れない考え方）。二人目の選手は、「次は頑張ろう」と言って潔く退きました（相手を受け入れる考え方）。

「みなさんは、この二人の選手についてどのように思いますか？　相手を受け入れる考え、受け入れない考えについて話し合ってみましょう」と言って、ワークシート「不公平が起きたときに受け入れられますか」を使って学んでいきました。

ワークシートの（　　　）の部分に「公平ではない」を書き入れていきました。

（公平ではない）が、うまく乗り越えます。
（公平ではない）が、最悪ではありません。
（公平ではない）が、この世の終わりではありません。
（公平ではない）が、何とか立ち直れます。

そして、書き終えたワークシートを、みんなで声を出して読んでいきました。声を合わせて読んでいくと、何だか「不公平さを乗り越えるための宣言」のように思えてきました。

みんながオリンピックの水泳選手になれるわけではありませんが、必ず似たような場面には遭遇するものです。ちょっとしたミスで叱られ、「冗談じゃない、やってられるか！」と言って会社を辞めてしまう人もおれば、「すみません、次は気を付けます」と言って頑張る人がいます。人生、何事に対しても鷹揚（おうよう）でありたいものです。

にぎやかなクラスですが、レジリエンスの授業も五回目となると「まとまり」がよくなったのか、予定していたところまでが早めに終わりました。そこで、子どもたちに次のように尋ねてみました。

「授業のやり方で、こうやってほしいというようなお願いはありますか？　今やっているレジリエンスの授業はどうですか？」

「面白い！」とか「算数や国語より面白い！」といった回答があり、私もほっとしました。普段とは違う展開となっているレジリエンスプログラムの授業は、どうやら珍しさも手伝って楽しんでくれているようです。私としても、集中して聞いてくれていることが多いので「うれしい」と思っていますが、だからといって、みんなが常に集中しているわけではありません。

たまには、「消しゴムが飛んできた！」という声が聞こえることもありました。そんなときは、声を変えずに「どうしたの？」と尋ねて少し待っていると、投げてしまった子どもと声を出した子どもは、「まずい」と感じてやめてくれます。そして私は、「ありがとう」と言って次に進んでいきます。

マイナスの行動には注目をせず、静かにしてくれたその一瞬の、プラスの行動に注目しているわけです。要するに、「注意しなくても、自分で気付いてやめてくれましたね。ありがとう！」といった意味を込めて対応しているわけです。

## 六回目の授業——レッスン4（二〇一六年二月五日・金曜日）

前節で述べたように、体育館が確保できなかったためにできなかった「レッスン4」をこの日の授業で行うことにしました。レッスンの前後を入れ替えただけですので、時数の確保も大丈夫です。体育館を使っての「レッスン4」は、内容が盛りだくさんです。

この日の目標と内容は以下のとおりです。

**【目標】**

レジリエンスを高める練習をしましょう。

**【レッスン4の内容】**

①否定的な出来事があっても、リラックスすると怒りを抑え、落ち着けると分かるようになる。
②困ったときには、人と話すことで落ち着くことが分かるようになる。
③困ったときには、運動することで気持ちの回復ができることを学ぶ。
④失敗して、批判や拒否されたときには、自分の考え方次第で自らの気持ちが取り戻せることを学ぶ。［参考文献12］

**図表2−24　レジリエンス指導案**第6回　年　月　日(　)　立　小学校　4年　組　校時
レッスン4　目標　レジリエンスを高める練習をしましょう。

<table>
<tr><th></th><th>時間</th><th colspan="4">学習内容</th></tr>
<tr><td rowspan="5">導入</td><td rowspan="5">5分</td><td colspan="4">復習する（「こんとあき」のレジリエンスな行動）</td></tr>
<tr><td>出来事</td><td>気持ち</td><td>考え</td><td>行動</td></tr>
<tr><td>こんが帰ってこない<br>電車に尻尾をはさまれる。</td><td>不安、心配<br>心配</td><td>車掌さんと話そう。<br>一緒にいよう。</td><td>車掌さんに聞く。<br>そばについている。</td></tr>
<tr><td>こんが犬につれさられる</td><td>不安、心配</td><td>犬の足跡をたどろう。</td><td>砂の中を探す。</td></tr>
<tr><td colspan="4">自分の近くにいるレジリエンスな人を見つけよう。</td></tr>
<tr><td>展開</td><td>30分<br>A4分</td><td colspan="4">レジリエンスを高める他の四つの方法を学びましょう。<br>全体活動　①自分を受け入れ、認める考えの大切さを知る。<br>人は誰でもが失敗をすること。<br>→失敗をする自分を受け入れ、認める<br>→次の行動を考える（失敗に学ぶ）<br>→行動を変える</td></tr>
<tr><td></td><td>B1分</td><td colspan="4">全体活動　②リラックス呼吸法5－3－5（手を上げないで呼吸する）<br>1　ストレスがある時、緊張した時の経験を出し合う。<br>リラックス呼吸法5－3－5について知る。<br>2　先生が見本を見せる。<br>3　みんなでやってみる。（3回）</td></tr>
<tr><td></td><td>C10分</td><td colspan="4">個人活動　③人に話そう<br>1　困ったとき話したい人5人を考える（学校で困ったときか、地域で困ったときか選ぶ）。<br>2　手の形をなぞる。<br>3　指の中に名前を書く。<br>4　二人組で誰に話そうか話し合う。<br>どんな問題か、誰に話したいか。<br>何と言ったか、言われたことはレジリエンスの助けになったか。</td></tr>
<tr><td>晴れ:校庭<br>雨:体育館</td><td>D</td><td colspan="4">グループ活動　④運動をする<br><br>移動説明</td></tr>
</table>

<table>
<tr><th></th><th>時間</th><th>学習内容</th></tr>
<tr><td></td><td>15分</td><td>
<table>
<tr><td>雨の場合（体育館）</td><td>晴れた場合（校庭に移動）</td></tr>
<tr><td rowspan="2">壁にある肋木（ろくぼく）、大縄跳び、個人縄跳び、ボール運動、ジョギング、平均台渡りなど、２分間ずつ６種類くらいの運動</td><td>紙に書いてある運動を２分間ずつして回る。</td></tr>
<tr><td>例：ジョギング、うんてい、登りぼう、ボール遊び、大縄跳び、鉄ぼう</td></tr>
<tr><td>ストレス解消に役立ったかについて話し合う。</td><td>２分の運動のあと、笛の合図で次の運動に変える。（３種類体験）<br>ストレス解消に役立ったかについて話し合う。</td></tr>
</table>
</td></tr>
<tr><td>まとめ</td><td>５分</td><td>・晴れの場合は校庭でまとめをする。<br>・怒りをコントロールする方法を確かめる。<br>（リラックス呼吸法、人に話す、運動）</td></tr>
<tr><td></td><td>宿題</td><td>レジリエンスを高める方法を２種類以上やってみる。</td></tr>
</table>

準備　話す人を見つけましょう。（子ども用ワークシート）
　　　長なわとびのなわ３本、ドッジボール（かご入り）
　　　気分を変えるための運動例（子ども用ワークシート）
　　　運動ができる服装

晴れた場合は校庭で運動

**図表2－25　「こんとあき」のレジリエンスな行動**

| 出来事 | 気持ち | 考え | 行動 |
|---|---|---|---|
| こんが帰ってこない。 | 不安、心配 | 車掌さんと話そう。 | 車掌さんに聞く。 |
| 電車に尻尾をはさまれる。 | 心配 | 一緒にいよう | そばについている。 |
| こんが犬に連れ去られる。 | 不安、心配 | 犬の足跡をたどろう。 | 砂の中を探す。 |

まずは、前回の復習からです。絵本『こんとあき』に描かれているレジリエンスな行動について復習しました。

「こんとあき」は、遠い砂丘のある町に住んでいるおばあちゃんを訪ねるために出発しました。二人の旅にはさまざまな困難が待ち受けていました。その時々の出来事、気持ち、考え、行動について整理をしてみました（**図表2－25**参照）。

ある出来事に遭遇したら、必ず「気持ち」というものが芽生えます。二人は落ち着いて考え、行動に移していました。無事におばあちゃんの家に到着できたのは、「こんとあき」のレジリエンスな行動が理由であると、みんなで確かめていきました。

すると、子どもたちから、「小さいあきとこんがおばあちゃんの家にたどり着けてすごい！」と感心する声が聞こえてきました。たぶん、子どもたちは、絵本に描かれている様子だけでなく、自分なりにさまざまな場面を想像しながら耳を傾けていたのでしょう。それが理由で、大人が想像する以上に感情移入をし、「すごい！」という表現になったと思われます。このような感情移入こそが読書の

図表２－26

「レッスン４－１」レジリエンスを高める四つの方法

名前（　　　　　　　　　　）

レジリエンスを高める練習をしよう。

レジリエンスを高める四つの方法

①自分を受け入れ、許す。

②リラックスする（５－３－５呼吸法）

③人に話す。

④運動をする。

醍醐味かもしれません。

さて、いよいよこの日の目的である「レジリエンスを高める」ための学習です。**図表２－26**に示したように四つの方法があるわけですが、項目ごとに説明をしていきます。

## ◉自分を受け入れ、許す

「自分を受け入れて許す」という考えの大切さを知ることからはじめます。人は、誰でも失敗をしてしまうものです。「失敗は成功のもと」という言葉をみんなに伝え、「成功するためには、失敗したときの経験を生かすことが大切です」と話しました。

そういえば先日、『「居場所」のある学級・学校づくり』（ローリー・バロンほか／山﨑めぐみほか訳、新評論、二〇二二年）という本を読んでいたら、次のようなエピソードが書かれていましたので紹介します。

私はこれまで九〇〇〇本以上のシュートを外してきた。三〇〇試合近く負けた。勝負を決めるショットを任され、二六回失敗した。私は、これまでに何度も何度も失敗してきた。だからこそ、私は成功した。（前掲書、二七三ページ）

これは、ＮＢＡ（アメリカのプロバスケットボールリーグ）のマイケル・ジョーダン（Michael Jeffrey Jordan）の言葉です。思わず頷いてしまいます。

とはいえ、なかなか失敗を生かすというのは難しいものです。落ち着いて、よく考えて行動しないと次のステップに進むことができません。失敗をしてしまった自分自身を受け入れ、「まぁ、いいか」と失敗を認められる子どもはほかの人の失敗も受け入れられることについてはすでに話し合っています。そのせいでしょうか、子どもたちから次のような発言がありました。

「失敗は成功の種とも考えられるよね」

「じゃあ、失敗する人はたくさん成功の種を持っているんだね」

思わず、私は「そのとおり！」と返してしまいました。

## ◉リラックスする呼吸法の練習

認知行動療法に基づくリラックス法はいろいろとありますが、ＹＣＤＩレジリエンスプログラムで紹介されている中学年から小学生の呼吸法は「５－３－５」となっています。

初めに、五つ数えながら鼻から息を吸って、三つ数える間は止めて、最後に五つ数えながら吐き出します。これを三回繰り返しました。これを行うと、子どもだけでなく大人も落ち着けます。私は日頃からプチパニックになることが多いので、この呼吸法を行って落ち着くようにしています。みなさんもやってみませんか、鼻呼吸の練習にもなりますよ。

子どもたちには、姿勢を正して椅子に座ってもらい、私の合図に合わせて、「息を吸って」、「止めて」、「吐く」という練習を三回してもらいました。反応はさまざまでしたが、「水泳教室のテストのときにやってみる。落ち着いていたら、テストに合格するかもしれないから」と言っている子どもがいました。練習だけでなく実践で活用する、これほど大切なことはありません。

## ◉人に話そう

自分の手形を写し取った手の指に、親指から順番に数字を付けていきました。困ったとき相談したい五人の名前を書き込んでいくためです。困ったことが起きたとき、誰しもパニックになっているせいか、すぐに相談したい人がなかなか思いつかないものです。事前に、五人の話したい人を選んでおけば、困ったときに相談がすぐにできるので安心です。

すぐに五人を挙げられない子どもには、「見つかったときに追加すればいいよ」と伝えていま

図表2－27　子ども用ワークシート「レッスン4の2」

名前（　　　　　　　　　）

レジリエンスを高める三つ目の方法「人に話そう」

指に相談したい人の名前を書きましょう

ここに、
自分の手の形を
なぞりましょう。

す。普段から意識していないと、相談相手というものは簡単に見つかるものではありません。意識することで人間に対する観察力も高まりますから、ぜひこの方法をすすめていただきたいです。

それに、もし相談相手がいないと悩み事を抱え込んでしまい、「引きこもる」といった行動に出る場合も十分に考えられますから、相談相手がいかに重要であるかはお分かりでしょう。

この日だけでなく、ゆっくり時間を取ったこともあり、最終的には全員が相談したい人を見つけています。追加として、「学校バージョンや家バージョンなど、場面ごとに相談したい人を見つけておくのもいいですよ」と話しています。

図表2－28　子ども用ワークシート「レッスン4（3）」

名前（　　　　　　　　　　）

レジリエンスを高める四つ目の方法「運動をする」

気分を変えるための運動（校庭の場合の例）

1. うんてい
2. 登りぼう
3. てつぼう
4. なわとび
5. ボール遊び
6. ジョギング

気分を変えるための運動（体育館の場合の例）

1. 壁にある肋木
2. 大縄跳び
3. 個人縄跳び
4. ボール運動
5. ジョギング
6. 平均台渡り

## 運動をしよう

運動をするために体育館での授業となったわけです。もちろん、校庭などでもOKです。

**図表2－28**に挙げたように、気分を変えるための運動として、校庭の場合は、うんてい、登りぼう、てつぼう、なわとび、ボール遊び、ジョギングなどを行います。言うまでもなく、算数や国語の授業には運動は入っていません。また、これらの授業時間数のほうが多いのはご存じのとおりです。

YCDIレジリエンスブログ

ラムでは、体育館や校庭でやれる六種類ほどの運動が紹介されています。

この日の授業は体育館でしたので、壁にある肋木（ろくぼく）、大縄跳（おおなわと）び、個人縄跳（こじんなわと）び、ボール運動、ジョギング、平均台渡りなどを二分間ずつ行いました。一度に同じ運動に殺到するとケガにもつながりますので、グループに分かれて、二分ごとに違う運動に取り組むというローテーションにしました。二月の真冬の体育館、暖房の設備はありません。それでも子どもたちは汗をかいて、気持ちがよさそうでした。

運動の大切さに異論はないでしょう。しかし、現在の子どもたちを見ていると、十分と言えるほど運動をしているようには思えません。身近なところに運動ができる場所があっても、塾や習い事に忙しく、運動をあまりしていないようにうかがえます。それだけに、運動の重要性について声高に訴えたいです。運動によって、気分を変えることができるのです！

最後に、この日の授業に関する子どもの感想を紹介しておきましょう。

「教えてもらった5－3－5呼吸法も含めて、家でお母さんと妹とけんかしたときなどに使ったらとても役に立ったので、これはすごいなあ、とよく使っています。そして、今回と合わせて山本先生たちとの勉強がとても楽しいです。全部で八回の勉強はとても少ないけど、そのきちょうな時間を大事にして、ひと言も見逃さないようにしていこうと思います」

そして、水泳教室の進級テスト前に「5－3－5呼吸法」を使った子どもからは、「落ち着いてやれて、受かったよ」という報告がありました。

四五分の授業で四つの活動を実施するというのは、時間設定において大変難しかったわけですが、何とかやり遂げました。振り返って思うのは、「運動は大嫌い」という子どもたちに対する対処方法です。確信をもってＹＣＤＩレジリエンスプログラムを行っていますが、まだまだ改善の余地があるということです。

改善する余地は、授業の流れについてもあります。今回、先週の授業の復習ということに五分を取っていましたが、別の機会にすることにして、やめてもよかったのではないかと反省しています。日本におけるＹＣＤＩレジリエンスプログラムは、小学校向けに四五分に組み替えてあります。貴重な四五分間ですので、復習に使う五分は大きいと言えます。

たとえば、「こんとあき」の冒険の旅から分かるレジリエンスな行動を確認して、周りにいる友達のなかからレジリエンスのある子どもを見付けてもらう学習ですが、「レッスン4」のなかに入れるのには無理があると思いました。レジリエンスを高める活動を四つやるわけですが、一つ一つに丁寧に取り組むためにも復習の五分は不要と思いました。

各レッスンの指導案はあくまでも参考として挙げたものです。みなさんが教えるクラスの子どもたちの実態に即して工夫をしていただくための「たたき台」になればと思っています。

## 七回目の授業 レッスン6（二〇一六年二月一二日・金曜日）

授業の開始と同時に私はこう切り出しました。

「今日が最後のレッスンです。来週は校長先生に来ていただいて、みんなさんに修了証書をお渡しします。みなさんには、レジリエンスの勉強を頑張りましたねという修了証を全員につくりましたので、次回にお渡しします」

すると「えー！　まだレジリエンスたまってないよー」という声が上がりました。

「大丈夫。今から復習をしますから。先週は一番難しい『不公平を乗り越える』ための勉強をしましたね。不公平を乗り越える方法はつらかったかもしれませんね。リラックスするための練習もやりましたし、運動もしました。そして、自分を許す方法も勉強しましたね」

このように言って、今までの授業の振り返りをする授業を開始しました。来週、子どもたちには自信をもって修了証書を受け取ってもらいたいので、今日の一時間はしっかり復習をしようと思ったわけです。「まだレジリエンスがたまってないよー」と不安がっている子どもたちの「心の温度計」のレベルを「5」にして、落ち着かせてから授業をはじめることにしました。よって、この日に授業の目的と内容は以下のようになります。

**図表2－29　レジリエンス指導案** 第7回　年　月　日(　)　立　小学校　4年　組　校時
レッスン6　目標　ためたレジリエンスを使って行動してみましょう。

| | 時間 | 学習内容 |
|---|---|---|
| 導入 | 5分 | 復習　プラスな考え<br>絵本「いいからいいから」 |
| 展開<br>30分 | A10分 | 小グループ活動　ためることができるレジリエンスな考えについて知る。<br>子ブタの貯金箱と出来事ワークシートをもらう。<br>グループで読み合い相談してレジリエンスな考えを選び、○をつける。<br><br>出来事に関するキーワードを知る。キーワードを付箋に書く。<br>付箋を子ブタの貯金箱に貼る。<br>レジリエンスの定義を思い出しながら選んでいく。<br>許す力、耐える力、信じる力、リラックスする力、落ち着いて考える力、 |
| | B15分 | 全体活動　レジリエンスリストを見る。<br>九つの活動を振り返る。黒板のリストを見ながら。<br>1　自分の気持ちに気付く。<br>2　今より悪くならないようにする。(大事件スケール)<br>3　自分自身の失敗を許す。<br>4　リラックス呼吸法5－3－5をする。<br>5　話す人を見つける。<br>6　運動をする。<br>7　ほかの人の失敗を許す。<br>8　公平ではないが乗り越える。<br>9　おもしろい活動をして気分を変える。<br>(いやなことがあったらそこから離れてほかの遊びをする。) |
| | C10分 | 個人活動―レジリエンスビンゴをする。<br>・白紙のビンゴボードをもらう。<br>・練習したことのある活動に番号の欄に◎をつける。<br>・今後練習したほうがよい活動には○をつける。<br>・今後もレジリエンスをためる練習をすることの大切さを知る。 |
| まとめ | 5分 | クラスのレジリエンスが高まった人についてお互いに伝え合う。<br>どの活動を使ったか本人に伝えましょう。<br>1落ちついている。　2ドキドキしすぎない。<br>3ひどく怒らない。　4話す人を見つけた。<br>5呼吸法を使った。　6立ち直れる力がある。<br><br>次回について知る<br>修了式に参加しましょう。 |

準備　レジリエンスな子ブタの貯金箱（子ども用ワークシート）
復習ビンゴゲーム用（子ども用ワークシート）
レジリエンスな考えをためましょう（子ども用ワークシート）
絵本『いいからいいから』（長谷川義史 作・絵・絵本館）

【目標】

レッスンの復習をしましょう。ためたレジリエンスを使って行動してみましょう。

【レッスン6の内容】

①レジリエンスとは何かを復習する。
②どんな場面で自分がどんな気持ちになるか気付くようになる。
③いくつかのレジリエンスを復習する。
④レジリエンスのレベルをもっと上げるために、自分の行動の作戦を立てる。［参考文献12］

## ◉九つの活動の振り返り

黒板に貼られたレジリエンスのリストを見ながらみんなで一緒に読んで、これまでに学んだレジリエンスの力を振り返りました。みなさんにも振り返っていただくために、再掲しておきましょう。

❶自分の気持ちに気付く。
❷今より悪くならないようにする。（大事件スケール）
❸自分自身の失敗を許す。
❹リラックス呼吸法5－3－5をする。

❺話す人を見つける。
❻運動をする。
❼ほかの人の失敗を許す。
❽公平ではないが乗り越える。
❾おもしろい活動をして気分を変える（嫌なことがあったら、そこから離れてほかの遊びをする）。

黒板には、「**プラスな考え**」、「**許す力**」、「**耐える力**」、「**信じる力**」、「**リラックスする力**」と書かれたカードも貼っておきました。

「ためることができるレジリエンスな考えの『出来事ワークシート』を私が読んでいきますので、どんなレジリエンスを使えばよいのか、この五つのキーワードから選んで付箋（ふせん）に書いて、子ブタの貯金箱（**図表2－30**）に貼っていきましょう」と言ったあと、まずは絵本の読み聞かせをはじめました。

「前にやった『不公平を乗り越えよう』はかなり難しかったので、不公平を乗り越えたおじいさんと孫の話を読みます」と言いながら絵本『いいからいいから』（長谷川義史、絵本館、二〇一五年）をみんなに見せた途端、「あ、いいからいいからだー」という声が聞こえてきました。本当によく話す子どもたちですが、読みはじめるとちゃんと聞いてくれます。

図表2－30　レジリエンスな子ブタの貯金箱

©Michael E. Bernard. Ph.D. Founder, YCDI! Education

図表2－31　子ども用ワークシート「レジリエンスな考えをためましょう」

**説明**――下の①～⑨の中からレジリエンスな考え方を選び、ピンクの「子ブタの貯金箱」にためていきましょう。

| ①新しいことを学ぶときに間違えても大丈夫です。 | ②成功するために、時にはつまらないことでもやりましょう。 | ③不公平やいじわるは許せません。 |
|---|---|---|
| ④クラスメイトが自分をバカにしても、自分の考えを話すことが大事です。 | ⑤失敗する自分を認めましょう。 | ⑥仲間はずれにされるのは、絶えられません。 |
| ⑦世の中において最悪なことは、不公平です。 | ⑧なまけたとき、私は弱虫だと思います。 | ⑨やってほしいとおりにやらない人は、ダメな人だと思います。 |

プログラムの目的：社会性と気持ちを学ぶ　　レジリエンスレッスン小学生

©Michael E. Bernard. Ph.D. Founder, YCDI! Education

「読みます」と言って、ごちそうをしたうえに泊めてあげたカミナリの親子に、おへそをとられたしまったというおじいちゃんと孫のお話を読んでいきました。

大人でも「不公平を乗り越える」というのは大変難しいものです。先に紹介した「レッスン5」で「不公平な場面をどのように受け止めますか」について考えましたが、そのときの様子からもみんなが分かったとは言えません。そこで、レジリエンスなキャラクターの本を使って学習することにしたわけです。

繰り返しますが、日頃から絵本の効果は大きいと思っていました。理屈ではなく、絵を通しておじいさんの「いいからいいから」と、何でも受け入れてしまう「おおらかな行動」を理解してもらい、不公平なことに対する乗り越え方をもう一度学んだわけです。

## 子ブタの貯金箱にレジリエンスをためる

いよいよ、子ブタの貯金箱にレジリエンスをためるための学習です。

黒板に貼ってあるキーワードは、これまでの授業のなかで出た言葉から、レジリエンスなキーワードとして挙げたものです。身についたレジリエンスはどれなのか、レジリエンスの定義を思い出しながら選んでもらうことにしました。

「ワークシート『レジリエンスな考えをためましょう』に書かれてある出来事を、これから私が読んでいきます。それを聞いて、五つの力のうちどの力で解決すればいいのかを考えてください。選び終わったら付箋（ふせん）に書きましょう。キーワードを書いた付箋を子ブタの貯金箱に貼ってください。では、出来事を読んでいきます」と言って、さらに話を続けました。

「レジリエンスは使えば使うほど、みんなの体の中にたまっていきます。そして、みんなを守ってくれます。たとえば、『①新しいことを学ぶときに、間違えても大丈夫です』はどの力でしょうか？」

子どもたちは、「リラックスする力、耐える力、信じる力」と答えてくれました。

「いいですね。では、『②成功するために、時にはつまらないことでもやりましょう』はどの力でしょうか？」

「耐える力」という答えが聞こえてきました。続いて、「③クラスメイトが自分を馬鹿にしても話すことが大事です」はどの力を使えばよいのかについて考えてもらいました。

子どもたちは、口々にキーワードを言いながら付箋に書いていきます。

「給食のとき、お代わりできなかったけど我慢したよ」と話す子どもがいました。周りにいたみんなが「すごい！」と言いながら認め合っていました。付箋に「耐える力」と書き、その出来事の場面も付箋に加えることができました。また、「許す力」と書き、「弟が自分の本を破ってしまったが、小さいから仕方がないかと思って許しました」などというのもありました。

もちろん、これらの出来事の場面を一枚の付箋(ふせん)に書くことはできません。その場合は、二枚目をもらって書き進めていきます。

キーワードが書かれた付箋を、ピンクの子ブタの貯金箱に貼っていきました。付箋ですから、何枚でも重ねて貼ることができます。お金をためる貯金箱は使うと減ってなくなってしまいますが、この貯金箱に貼られたレジリエンスは、「使えば使うほどたまっていく」と伝えました。

この日は七回目の授業でしたが、これまでの授業内容をよく覚えていることが分かりました。レッスンの初めではまったくレジリエンスに関して自信がなかった子どもたちですが、自分が培ってきたレジリエンスを認められるようになってきたのです。一度学ぶと大人になっても減ることがなく、みんなを守ってくれるのがレジリエンスであることを知った子どもたち、このうえなく嬉しそうに次から次へと付箋を取りに来ました。

それにしても、子どもが放つエネルギーは「素晴らしい」のひと言です。とくに、理解をしたときに放つエネルギーには感動すら覚えてしまいます。このような体験の繰り返しが、さまざまな場面にも活きてくるのではないでしょうか。ダメな部分を指摘して励ますのではなく、よい結果が現れるような課題を出して、それを褒めていけば、教師が想像するよりもはるかに凄い行動をとるかもしれません。

図表２－32　子ども用ワークシート「レッスン６　ビンゴボード」

名前（　　　　　　　　）

四角の中に1から９までの数字を好きな場所に書き入れましょう。

| | | |
|---|---|---|
| | | |
| | | |
| | | |

### ◉ビンゴゲームで自分を振り返りましょう

１から９までの数字を、ビンゴボードの用紙に書きました。この数字は、九つのレジリエンス力です。練習したことのある活動の番号の欄に◎をつけます。そして、今後もっと練習をしたほうがよい活動には○をつけて自己評価をしました。

六時限目で疲れていると思いましたが、子どもたちはよく頑張ってくれました。私が「みんな疲れてつらいと思うわよ」と言うと、すかさず「耐える力」という言葉が返ってきました。すでに、子どもたちは使ってくれているのです。この授業が終わったあとも、レジリエンスをためる練習を続けてほしいと思った次第です。

## ◉クラスでレジリエンスが高まった人

この日の最後には、クラスのなかでレジリエンスが高まった人について、再びお互いに伝え合うという活動を行いました。レジリエンスのどの力を使っているのかについて分かった子どもが、本人に伝えるというものです。その様子を見ていると、「話す人を見つけた」、「落ちついている」、「ひどく怒らない」、「呼吸法を使った」、「ドキドキしすぎない」、「立ち直れる力がある」などを、それぞれが伝え合っていました。

今回執筆にあたって、授業中に撮影していたビデオを何度も見直しましたが、改めてバーナード先生のＹＣＤＩレジリエンスプログラムの素晴らしさを実感しました。というのも、どのようなタイプの子どもにも伝わるだけの力がこのプログラムには含まれているため、すべての子どもが対象となるからです。

現在、日本の一般的な教室では三〇人ほどの子どもたちが一緒に学んでいるわけですが、本当にすべての子どもが学んでいると言えるでしょうか。居場所を感じられずに、ポツンと一人でいる子どもはいませんか？　学校に来てもひと言も発せず、存在感の薄い子どもはいませんか？　さまざまな不安を抱えている子どもたちでも、ＹＣＤＩレジリエンスプログラムを行えば元気に参加してくれると私は思っています。

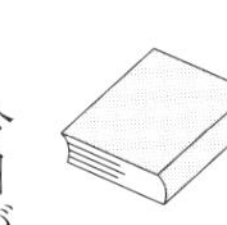

## 八回目の授業――レッスン7修了式（二〇一六年二月一九日・金曜日）

今日が最後の授業です。一回目のガイダンスから数えて八回目となります。前節で述べましたが、この日のための事前準備として、私は子どもたち一人ひとりに渡す「レジリエンスの修了証」をつくっていました。校長先生にお願いをして、修了証の発行者名は校長先生としました。担任の先生方だけでなく、校長先生にまでこの授業にご協力をいただけたこと、本当に感謝しかありません。

そして、元気に、真剣にYCDIレジリエンスプログラムに取り組んでくれた子どもたちにも感謝したいです。その感謝を示すために、私は「修了証」をつくったのです。みなさんが想像されるような評価、つまりテストは行っておりません。評価については、子どもたち自身が一番分かっているでしょう。

ただ、今回もレジリエンスを高める一覧表（レジリエンスリスト）に書かれている1から9までのスキルについての復習は行っています。何度も振り返ることの重要性は、改めて言うまでもないでしょう。

**図表2−33　レジリエンス指導案**第8回　年　月　日(　)　立　小学校　4年　組　校時
レッスン7　目標　レッスンの復習をしましょう。

| | 時間 | 学習内容 |
|---|---|---|
| 導入 | 5分 | レジリエンスリストを見て復習する<br>①　自分の気持ちに気付く。<br>②　今より悪くならないようにする。(大事件スケール)<br>③　自分自身の失敗を許す。<br>④　リラックス呼吸法5－3－5をする。<br>⑤　話す人を見つける。<br>⑥　運動をする。<br>⑦　ほかの人の失敗を許す。<br>⑧　公平ではないが乗り越える。<br>⑨　おもしろい活動をして気分を変える。 |
| 展開<br>30分 | A15分 | 先生方のロールプレイを見て、どのスキル使えば元気になるのかを提案する。<br>1　不安の場面（担任の先生）<br>2　落ち込みの場面（山本）<br>3　心配の場面（山本）<br>4　イライラの場面（担任の先生）<br>5　緊張の場面（校長先生） |
| | B10分 | 絵本「フレデリック」(レオ・レオニ作／谷川俊太郎訳、好学社) |
| | C5分 | レジリエンス思い出しカードをもらう。<br>使い方を知る。 |
| まとめ | 10分 | 修了式に参加する。<br>代表者に修了証を渡す。<br>担任から　一人ひとりに修了証を渡してもらう。 |

準備　レジリエンスリスト
　　　レジリエンスカード（思い出しカード・ラミネート加工）
　　　修了証　　　　　『フレデリック』(レオ＝レオ二作　谷川俊太郎訳・好学社)

**【目標】**

レッスンの復習をしましょう。

**【レッスン７の内容】**

①レジリエンスリストを見て復習をする。
②先生方のロールプレイを見て、どのスキル使えば元気になるのかを提案する。
③修了式に参加する。

---

復習が終わったあと、先生方に困っている場面を思い出していただき、ロールプレイをしてもらいました。子どもたちは、どのスキル使って困っている先生を元気にしてあげられるのでしょうか。担任の先生、校長先生（出席できる場合）、そして私が、それぞれ現在困っている場面について子どもたちに相談します。みなさんが挙げたのは次のような場面でした。

・不安の場面（担任の先生）
・落ち込みの場面（山本）
・心配の場面（山本）
・イライラの場面（担任の先生）
・緊張の場面（山本、校長先生）

私はというと、次のように子どもたち訴えました。

「英語で論文を書かなくてはいけないが、卒業までに書けるのかと心配なのです」

一人の子どもが、「大丈夫だよ。できないと思ったらできないよ。できると思って、頑張ればできるよ」と勇気づけてくれました。

確かに、そのとおりです。大いに納得しました。そして、この励ましのおかげで、私は無事学位論文を期限内に書き終わり、大学院を修了することができました。子どもたちに感謝です！

担任の先生が投げ掛けた相談も紹介しましょう。

「毎日、たくさんの仕事がありすぎて困っています。何からやってよいのか分からないほどです。どうしたらよいでしょうか？」

これについてもアドバイスをくれた子どもがいました。

「先生、一度にはやれないよ。仕事に順番をつけて、一つずつ片づけていけばいつかは終わるよ。落ち着いてくださいね」

まったくもって、そのとおりです。担任の先生も、子どもに教えられました。

ここで、絵本『フレデリック』（レオ＝レオニ／谷川俊太郎訳、好学社、二〇一五年）を読みました。「認める考え」や「プラスな考え」を学んでもらうために選んだレジリエンスな本です。

図表2－34　レジリエンスカード（思い出しカード）

**レジリエンスな行動**

1　テストがよくできなかったとき、落ち込み過ぎない。
2　失敗に学ぶ。
3　興奮し過ぎず、悲しみやつらさを乗り越える。
4　分かってもらえないとき、怒りをコントロールする。
5　仕事が多すぎたとき、イライラした気持ちをコントロールする。
6　不公平に出会ったとき、怒りをコントロールする。
7　テストや発表のとき、心配し過ぎない。
8　仲間からのいじわるには「いや」と言う。
9　ひどく興奮した後でも、時間がたつと落ち着ける。

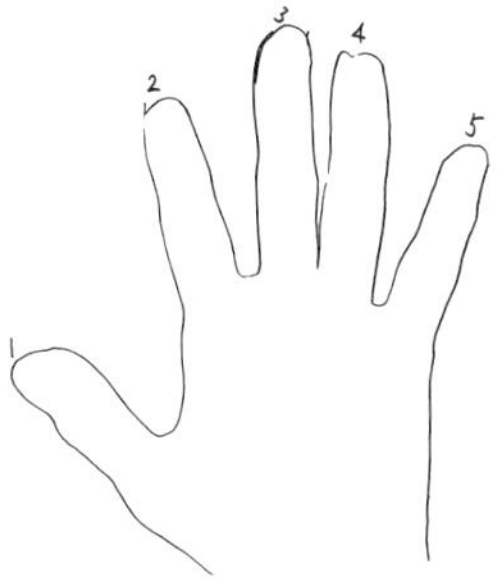

一見まったく働かず、みんなの役に立っていないように見えたネズミのフレデリックですが、食べ物が何もなくなって凍えてしまうような大変な季節には、詩人として詩を朗読することでほかのネズミたちに想像する力を与えました。凍えるネズミたちに、暖かい暖炉の火を想像してもらい、プラスの考えがもてるようにしたのです。ほかのネズミたちは、初めてフレデリックの力を認めることになりました。

役に立たないネズミなどいないのです。みんな、それぞれ役割をもっているのです。誰でも仲間のために役立つ力をもっているということを分かってもらうために、この絵本を選びました。

授業の終わりが近づいてきました。研究協力へのお礼として私は「レジリエンスカード（思い出しカード）」をつくっていましたので、それをみんなに配布しました。これは、困ったときに見るためのものです。ラミネート加工をしていますので、下敷き代わりに使ってもらえば、常に身近に置いておくことができます。一人になったとき、困ったときにレジリエンスを思い出してもらえるようにと願って内容を考えました。

いよいよ最後です。八回の授業に参加できた証となる「レジリエンス修了証」を担任の先生から一人ひとりに渡してもらいました。なんか卒業式みたいですが、想像されるような厳格さはありません。和やかそのものです。そのうえ、やはり「にぎやか」でした。このような元気さ、大人も見習いたいところです。ひょっとしたら、「元気さ」がレジリエンスを身につけるための基本姿勢となるかもしれません。

修了証を渡し終えたあと、ＹＣＤＩレジリエンスプログラムの開発者であるバーナード

You Can Do It!
修了証

〇〇　〇〇様

あなたは「レジリエンス」を身につける学習を修了したのでこれを賞します

令和　年　月　日
〇〇小学校
校長　〇〇〇〇

先生や授業を行った私に宛てて、今の気持ちや感想を手紙に書いてもらいました。そして、授業終了後、みんなで記念写真を撮影しています。この写真の掲載はできませんが、子どもたちの表情は充実感たっぷりでした。

名残惜しいのですが、「さようなら」をする時間となりました。その挨拶をしようとしたとき、サプライズがありました。担任の先生も知らなかったようですが、女の子たちが休み時間に用意していた、折り紙でつくった「貼り絵」が私へのプレゼントとして渡されたのです。

二か月間、毎週、ゲストティーチャーとして私を迎えてくれました。本当にありがたいことで、毎回子どもたちに感謝していました。そのうえ、プレゼントまでもらいました。もちろん、今も大事にとってあります。これを見るたびに、この授業を思い出してしまいます。あれから七年が経っていますから、子どもたちは高校三年生になっているはずです。どのような生活を送ってきたのか、そして今はどのような考え方をしているのか、確かめたくなりました。

二か月にわたる楽しいレジリエンスの授業が終わりました。子どもたちに書いてもらった感想のなかから、本人の許可をもらったうえ、ある男子が書いたものを紹介させてもらいます（一部改行を加えた）。なぜ、私がこの感想を選んだのか、読みながら考えてください。

## 山本先生へ

このプログラムをおしえてくれてありがとうございます。自分でもこのプログラムyou can do it!をまなんでよかったと思います。ぼくはyou can do it!がすきになりました。これからも山本先生がおしえてくれたことぜんぶつかっていきたいです。レジリエンスカードもくれてありがとうございます。これからもふたのちょきんばこにもっとためていきたいです。

山本先生お願いがあります。バーナード先生にこういってください。「このプログラムはすばらしいです。このプログラムをいつも続けてください。ぼくはこのプログラムにかんしんしました。このプログラム作っていただきありがとうございます。」

山本先生もありがとうございます。本当にすばらしかったです。なにがあっても不公平をのりこえてください。おちつかないときはリラックスしておちついてください。どうしてもこま

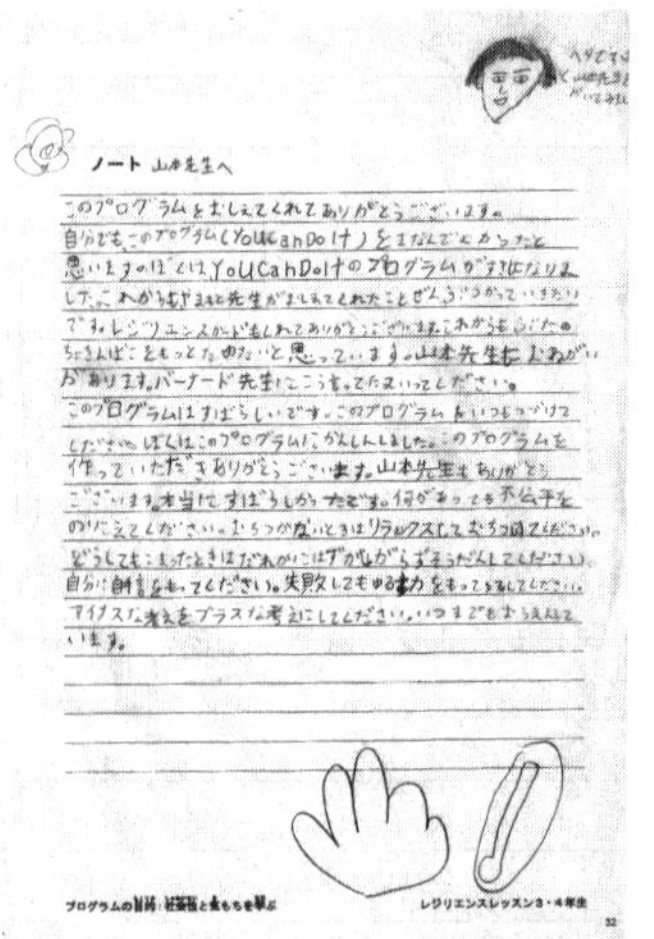
ノート 山本先生へ

このプログラムをおしえてくれてありがとうございます。
自分でもこのプログラム(YOUCanDoIt)をまなんでよかったと
思いますのぼくはYOUCanDoItのプログラムがすきになりま
した。これからもやまもと先生がおしえてくれたことぜんぶつかっていきたい
です。レジリエンスカードもくれてありがとうございます。これからもふたの
ちょきんばこをもっとためたいと思っています。山本先生もおねがい
があります。バーナード先生にこう[illegible]いってください。
このプログラムはすばらしいです。このプログラムをいつもつづけて
ください。ぼくはこのプログラムにかんしんしました。このプログラムを
作っていただきありがとうございます。山本先生もありがとう
ございます。本当にすばらしかったです。何があっても不公平を
のりこえてください。おちつかないときはリラックスしておちついてください。
どうしてもこまったときはだれかに[illegible]
自分に[illegible]をもってください。失敗してもゆるす[illegible]をもってください。
マイナスな考えをプラスな考えにしてください。いつまでもおうえんして
います。

プログラムの[illegible]
レジリエンスレッスン3・4年生

ったときはずかしがらずにそうだんしてください。自分に自信をもってください。失敗してもゆるす力をもってゆるしてください。マイナスな考えをプラスな考えにしてください。いつまでもおうえんしています。

平成二八年二月一九日

いかがですか？　レジリエンスを教えてきた私が、この男の子から励まされているのです。いったい、どっちが先生か分かりません。しかし、見方を変えれば、それだけＹＣＤＩレジリエンスプログラムの意味があったということです。男子からの「励まし」と「応援」を糧に、これからもレジリエンスを広げていくことにします。

本章の最後、この授業を受け入れてくださった先生からの感想も紹介しましょう。

日頃落ち着かない子どもたちが、こんなにも集中して感想文を書いている姿を見て驚いています。約一〇分間、鉛筆の音だけが聞こえている教室、信じられないと思いました。日頃の子どもたちを見ていると、一、二行で終わってしまうのではないかと思っていました。

そして、プログラムの内容、たとえば「緊張したときのリラックス呼吸法」や「気分転換の場面での運動」を覚えているほか、「大事件スケールに当てはめるとそんなに大変なことではないことが分かった」など、どんな場面でどんなレジリエンスのスキルを使っているのかが具体的に書かれていたので感動しました。

---

先生方にもレジリエンスの必要性を分かっていただけたようです。この学校の先生から、日本全国に「レジリエンスの授業」が拡がっていくことを願っています。

お忙しいなか、レジリエンスの授業を受け入れてくださった校長先生、先生方、そして子どもたちにこの場をお借りして御礼を申し上げます。たくさんの方々のご協力で、日本では初めてのＹＣＤＩレジリエンスプログラムの授業実践ができました。そして、本という形で紹介できたことを嬉しく思っています。

次章では、私が行った「ＹＣＤＩレジリエンスプログラム研修会」を受講されたあと、ご自分でＹＣＤＩレジリエンスプログラムの授業を行った現職教師による実践報告です。現職ということもあり、読者のみなさんにとってはさらに参考になるかと思いますので、これまでと同じく、各場面を想像しながら読み進めてください。

# 第3章

## 実践2

# レジリエンスを高める小学校5年生の授業風景

（渡辺梨沙）

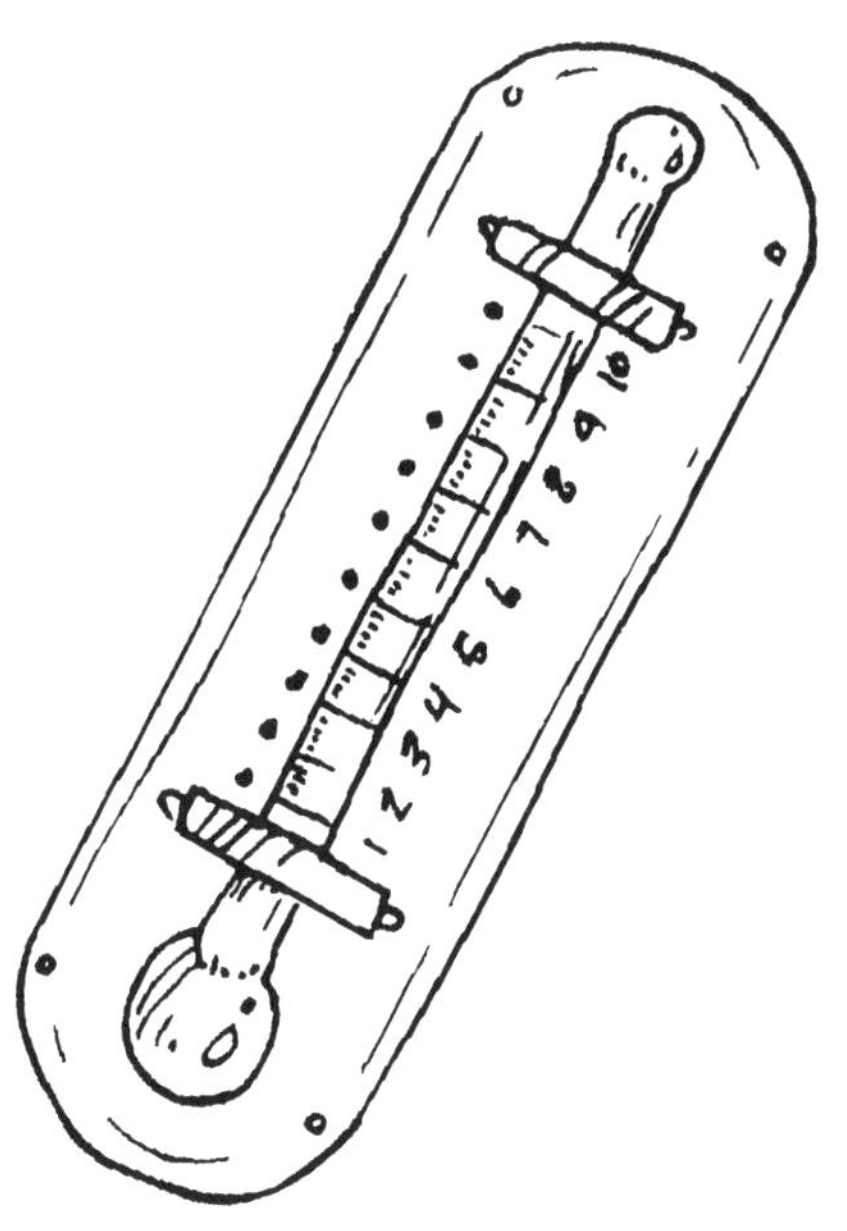


「心の温度計」——あなたの心は落ち着いていますか？

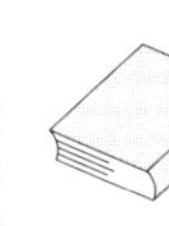

# 「YCDIレジリエンスプログラム」との出合い

二〇一五（平成二七）年、共著者である山本利枝先生が、私が勤めるA校で研究実践のためにYCDIレジリエンスプログラムを行ったときがこのプログラムとの出合いです。山本先生は、研究の一環として、すでにこのプログラムを東京区内の数校で行っていました。A校では、当時の四年生がこのプログラムを受講することになりました。

当時、山本先生は、A校の学校心理士として、非常勤職員という立場で勤務していました。赴任したばかりだったので、私は山本先生のことをよく知りませんでしたが、あとから聞くと、A校を定年退職された先輩教師ということでした。そんな人が、なぜ、何のために、四年生のクラスで授業を行っているのかについて詳しく知らされていなかったので、「いったい何をしているのだろうか……」くらいにしか思っていませんでした。

翌年のある日、学級経営で悩んでいる新任の後輩教師に対する指導において悩んでいた私に、山本先生が話しかけてきました。

「お元気ですか？」

これまで話したことはなかったのですが、気軽に話しかけてこられた山本先生にいろいろと相談をしてしまいました。後輩教師への声のかけ方、私自身の心のもちようなど、さまざまなアドバイスをもらいました。さらに、愚痴もたくさん聞いてもらいました。

そんなある日、「人間関係講座を受けてみない？」と言われたのです。一瞬キョトンとしたのですが、どうやら、家族や子どもと良好な関係を築くためのコミュニケーション方法に関する講座のようです。後輩教師にも声をかけ、放課後に山本先生とともに、たった三人の学習会を行いました。

そのときのテーマは、「なんのために子育てをするのか」、「子どもの自尊心を傷つける言葉・自分を嫌うようにしてしまう言葉」、「子どもの行動についての理解」、「不適切な行動に対する指導」、「聴き上手になるための方法」、「勇気づけについて」、「誰の課題なのかをとらえる」などでした。

要するに、親子関係について学ぶための内容でしたが、自分自身の親子関係を振り返るよい機会ともなりました。今では当たり前になっている「親として言ってはいけない言葉」があります。たとえば、「あんたは拾ってきた子よ」とか「育て方を間違えた」などです。子育てにおいては、認めたり褒めたりする言葉を大事にしていくこと、子どもの自尊心を傷つけないようにすること、そして子どもに自信をもたせる子育てについてよく理解できたわけですが、学校教育にも活かせることがたくさんありました。

しかし、実際の生活においてはどうでしょうか。保護者との個人面談では、多くの親が子どもへの言葉かけに困っている様子が見られます。理屈は分かっていても、自分の親にしてもらってきたようにしかできないからです。だからこそ、改めて子どもとのかかわり方について学ぶ必要があるようです。もともとは後輩教師のためにはじめた人間関係講座でしたが、子どもとのかかわり方において考えてしまうことばかりでした。

この講座がきっかけとなり、山本先生と時々話すようになりましたが、二〇一七年一二月、四年生のクラスでどのような授業を先生が行っているのかを知ったのです。簡単にその内容を述べると次のようになります。

子ども自身が今後の困難を乗り越えるための「心の予防教育」が日本にはない。だけど、それは絶対に必要だということ。学校教育のなかでは、学級担任こそがその授業実践ができるようになることが望ましい、ということです。

そして、「この研修会をしませんか?」と提案してくれたのです。私自身、子どもとかかわる仕事をしている以上、欠かすことのできないとても大切な内容だと思ったので、校内の教師にも声をかけました。そして翌年の二〇一八年一月、A校で「YCDIレジリエンスプログラム」の研修会がはじまったわけです。

集まった教員は九名。研修の内容は、「YCDIレジリエンスプログラム」の理論編（第1章参照）とその授業実践（第２章参照）を知り、実際に模擬授業をすることでした。

研修を終えてから、日本の子どもがよりなじむように授業展開を見直しました。そして、すべての教師が無理なく四五分間で同じように授業実践ができるようにと短冊や掲示物を作成したほか、再考した指導案と板書計画をレッスンごとにＡ３判のメッシュケースにまとめました。

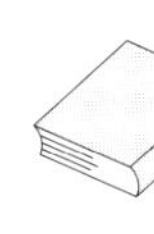

## プログラム開始前の様子

ここで紹介するのは、研修後の二〇一八年夏、私が受けもった五年生のクラスにおける授業実践をまとめたものです。

Ａ校は東京区内の北東部に位置しています。半径一キロ強のなかに五つの小学校と三つの中学校があるという住宅地に位置しているのですが、周りに農地があるため、全学年において農業生産活動を行っている学校でもあります。そのせいか、地域の方々に見守られているような感じがします。

普通学級以外にも特別支援学級があり、それぞれの交流も盛んです。大人も子どもも、特別支援児を温かく見守ってい

メッシュケースに入れられた短冊や掲示物、板書計画

ます。それゆえ五年生の子どもたちはみんな優しいのですが、自己表現をするといった姿はあまり見られませんでした。どうも、叱られるのを恐れているような、どことなく自信なさげに見えることがありました。しかし、ＹＣＤＩレジリエンスプログラムの実践によって、そんな子どもたちにも変容が見られたのです。

ＹＣＤＩレジリエンスプログラムは、自分の心の状況を知るうえにおいてとても有効な手法です。そして、プログラムを実践していくなかで、発達特性を抱えている子どもにこそ必要なプログラムだと改めて気付かされました。特別支援教室を担当している教師を含めた校内の教師がＹＣＤＩレジリエンスプログラムについて理解し、日頃からプログラムの用語（「心の温度計」など）を使うことで、生活指導においても役立つようになりました。

発達特性に対する理解はかつてより高まりを見せているようですが、まだ「その途上である」という学校が多いことでしょう。学校に行きたくないと感じている子どもたちだけでなく、すべての子どもたちがより良い日常を送れるようにこのプログラムは作成されています。

勉強を苦手としている子どもを指導していると、「こんなの無理」とか「どうせできない」と言う子どもがいます。「どうやったらいいか分からなくて不安なの？」と尋ねると、多くの場合そのとおりで、解き方を教えると、「できるような気がしてきた」と言って、ほんの少し自信をつけて学習に戻れるという子どもをこれまでにたくさん見てきました。心理学者のフロイト父娘が「人間の心には防衛機制がある」と唱えたことが知られていますが、自信のなさが紡ぎだす「どうせ無理！」という言葉も、自らの心を守るための自己防衛の一つなのでしょう。

子どもたちは、学校でも家庭でもたくさんの失敗をして成長をしていきます。そして、失敗をすると、叱られたり、けなされたり、できない人だと思われたりするといった経験を重ねていきます。「失敗も成功のうち」という励ましの言葉は、自らを鼓舞するときに使われますが、失敗を客観的にとらえられるようになるまでには時間が必要なのです。

誰しも、失敗することが分かっていて挑戦する、という状況は回避したいものです。自分をダメな人間だと思いたくないし、思われたくもありません。だから、事前に予防線を張って、自己否定的な言葉で自己防衛をしてしまうのです。

「子どもは失敗をしながら成長するものだ」とは分かっていても、同じ失敗を続ければ、やはり叱らざるを得ないこともあります。とくに学校では、安全に過ごすためのルールがあるからです。それでも、繰り返し同じ失敗をする子どもがいます。すると、子どもはプライドを守ろうとして言い訳をしてしまいますが、多くの場合、その言い訳はさらに叱られる原因となっています。

しかし、それで教師が叱ってしまうと状況をさらに悪くするだけです。「こうすればいいんだ」とか「できるかも」という気持ちをもたせられるような言葉がけをしたり、やり方などについて一緒に考えてあげることが重要となります。自分の弱さを受け入れ、不安を和らげ、どのように対処していくのかを考えていくことが子どもたちには必要なのです。

「できるかも……」という前向きな気持ちを育て、「できた！」という事実を重ねていくことで、逆境を乗り越える力、つまりレジリエンスを身につけてもらうのです。毎日の生活のなかで、ほんの少しの自信をもたせるために言葉をかけて、子どもたちを励ましていくのです。「ほんの少し、考え方を変えてごらん」と言って指導し、安心感をもってもらうことが大切なのです。

これらのことを踏まえると、ＹＣＤＩレジリエンスプログラムは子どもたちにレジリエンスを身につけさせるきっかけになる、と断言できます。とはいえ、まずは教師自身がレジリエンスを高める必要があります。

でも、「どうやって？」と思われることでしょう。その答えは簡単です。本書で紹介している授業実践を通して、子どもたちとともに身につけていけばいいのです。

私自身、子どもたちとともに授業を行っていくなかで、自分自身を振り返り、レジリエンスを高めてくことができたと思っています。いや、今現在も高めている真っ最中です。

日々の学校生活のなかにおいてレジリエンスを高めるための支援をしていくためには、教師の「**言葉かけ**」こそがもっとも有効です。そのためにも、教師自身がレジリエンスを高めていくことが肝要です。レジリエンスを高めると物事のとらえ方が変わり、心に余裕が出てきます。現在の教育現場に足りないものは、まさにその「**心の余裕**」だと思っています。

教師は、スーパーマンでもスーパーウーマンでもありません。しかし、教師に求められるスキルが年々増えており、業務過多の状態になっています。時間も心にも余裕がない状態で日々を過ごしている人がほとんどでしょう。授業の準備はもちろん、日々の学級組織の統率、集団になじめない子どもへの配慮、保護者への対応、複雑化している子どもの人間関係の構築も家庭に代わってしなければならないなど、やるべきことを挙げればきりがありません。

また、異動したことが理由で、せっかくつくった教材も新しい学校では使えないといったこともあります。しかし、ＹＣＤＩレジリエンスプログラムを実践して学んだ子どもたちへのかかわり方や考え方は、まちがいなく教師自身の財産となります。教師自身がレジリエンスを高め、少しでも心を軽くして、日々の教育実践が可能となる環境がつくられることを望んでいます。

読者のみなさんには、まずはレジリエンスについての基礎的な理解をしていただきたいと思っていますが、私たち筆者が本当に望んでいるのは、よく理解してから実践してみようと思うのではなく、目の前にいる不安や怒りで困っている子どもたちとともに授業をつくってほしいということです。そして、前述したように、子どもたちとともに教師自身が成長していけばいいのです。それゆえ、「これならできるかも……」と思っていただけたらうれしいです。

目の前にいる子どもたちのために、まずは、あなたが一歩を踏みだしてみましょう。

# レッスン1「レジリエンスって何?」

「これから『You Can Do It! レジリエンスプログラム』の学習をします。『レジリエンス』って言われてもよく分からないと思います。似たような日本語で言うと、『自己回復力』というものがあります。どのようなことか分かりますか?」

授業の初めに投げかけました。五年生の子どもたちなので、「自己回復力」という少し難しい言葉ですが、「自分で治すこと」とか「前向きなこと」などと、思いついたことを話してくれました。それを受けて、次のように説明しました。

「YCDIレジリエンスプログラムで身につけてもらいたいレジリエンス(自己回復力)とは、困難な状況に出合ったときでも負けずに、自分の力でうまく乗り越える力のことです」

さらに、「うまくいかない困難な状況って、どんなことがありますか?」と子どもたちに尋ねると、

「テストでよい点がとれなかった」

「試合で失敗した」

などと、数人の子どもがつぶやいてくれました。そういう状況になったときに、その困難に負け

ずに乗り越える力を「レジリエンス」と言うこと、これから上手に生き抜いていくために必要な力であること、そして「レジリエンスが高い人になることはいいことだ」と伝えました。

その後、これからはじまる八時間の内容をまとめているプリントを渡しました。表紙に印刷された「レジリエンスの高い人と低い人」の姿を例に挙げて、「レジリエンスが低い人は、『どうせ無理さ……』とか『向いてないのさ』と気を挟んで、自分の評価を下げている状態の人のことです」と伝えたところ、「あぁ……」という嘆きの声が教室のあちらこちらから聞こえてきました。

「『きっとできる！』と前向きになることが大事なんだね」と話し、プログラムのレッスン内容について簡単に説明していきました。

図表３－１　ワークシートを挟むための表紙（Ｂ４版）

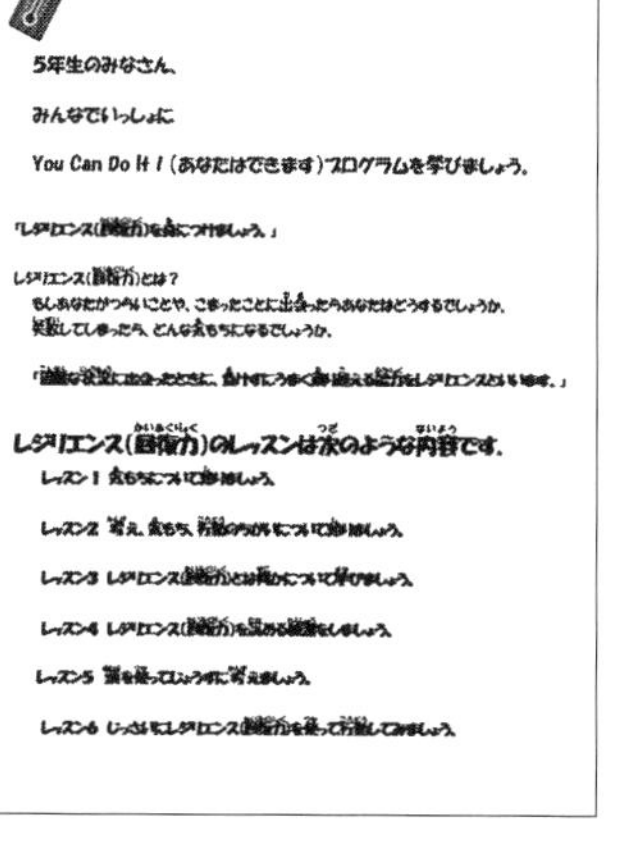
You Can Do It！のお知らせ

5年生のみなさん、

みんなでいっしょに

You Can Do It！（あなたはできます）プログラムを学びましょう。

レジリエンス（回復力）とは？
もしあなたがつらいことや、こまったことに出会ったらあなたはどうするでしょうか。
失敗してしまったら、どんな気もちになるでしょうか。

レジリエンス（回復力）のレッスンは次のような内容です。

**レッスン1のめあて**

気持ちの種類を知ろう。

**レッスン1の学習内容**

・自己回復力（レジリエンス）とは何かを知る。
・絵本『ふしぎなたねといじっぱりなクマ』からレジリエンスを見つける。
・気持ちは表情から分かることを理解する。

---

## ◉レッスン1の授業風景

まずは、レジリエンスについて理解するために、絵本『ふしぎなたねといじっぱりなクマ』（三二ページ参照）の読み聞かせからはじめました。

第2章でも紹介されている絵本ですが、孤独なクマがピカピカ光る不思議な種を見つけ、それをお気に入りの場所に埋めると、鳥とリスが目ざとく見つけて、「食べたい」とやって来ます。しかし、「だめだよ、あっちへいってくれ！」と言って追い返してしまいます。その後、嵐から

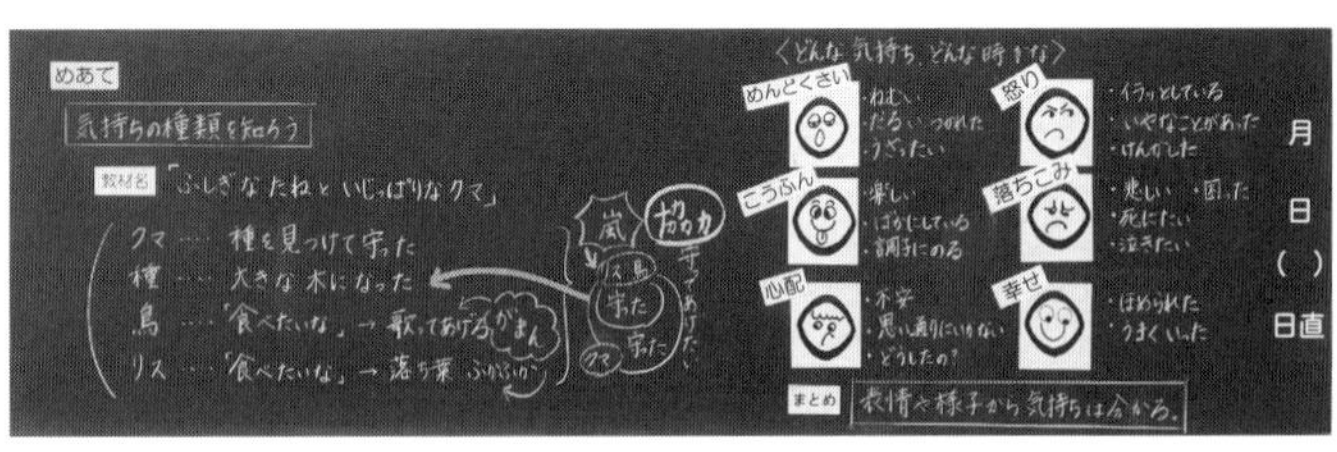


レッスン１の板書

弱い芽を守ろうと鳥とリスが来たことから、クマは彼らに心を開くとともに、彼らの気持ちも変化していくというお話です。

ＹＣＤＩレジリエンスプログラムの研修会でこの絵本が紹介されていたので、発行元である「タリーズコーヒー」（小学校の近所）の店舗に行って探したのですが、廃版になっているということでした。幸いにも、最後の一冊が他店にあるということだったのですぐに取り寄せました。今となれば、貴重な一冊です。

「登場人物の気持ち、初めはどうでしたか？」と尋ねると、子どもたちからは次のような答えが返ってきました。

「友達がいなくて寂しいクマは、種を見つけて守りたい」

「種は大きな木になりたいから食べないでほしい」

「鳥は（種を）食べたい」

「リスも（種を）食べたい」

「しかし、『鳥は歌ってあげたい』とか『リスは落ち葉でフカフカにしてあげたい』と気持ちが変化していきました。それは、どうしてでしょうか？」とさらに質問をすると、「協力しあって種を守っている

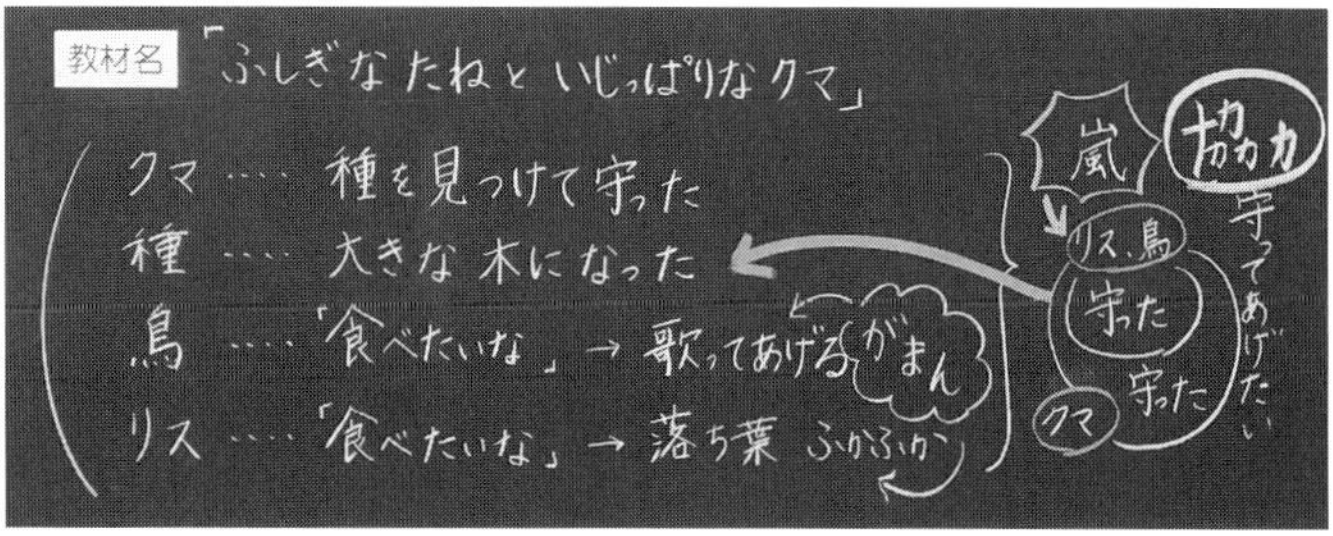

うちに、食べたいという気持ちがなくなったから」とか「がまんできた」のほか、「『食べたい』という欲求を跳ね飛ばしたから」などの答えがすぐに返ってきました。

　想像する以上に子どもたちは、絵本に描かれているシチュエーションをしっかりと理解しています。

　その結果、種は花を咲かせ、クマには友だちができたわけです。それぞれの行動にはさまざまな気持ち（思い）があることに気付いてもらい、気持ちは変化していくものだということを確認しています。そして、「生き生きと行動できるようになることがレジリエンスである」と伝えました。

　気持ちは変化するもの、と説明したあとに、「そもそも、気持ちはどのようにして知ることができるでしょうか？」という問いに対して、「表情」、「行動」、「言葉」などが挙がってきたので、配ったプリントの裏表紙に印刷されている「表情カード」を示しながら、「次に挙げる『表情』は、どんな気持ちですか？」と尋ねました。

図３－２　ワークシートを挟む表に裏にある「表情カード」

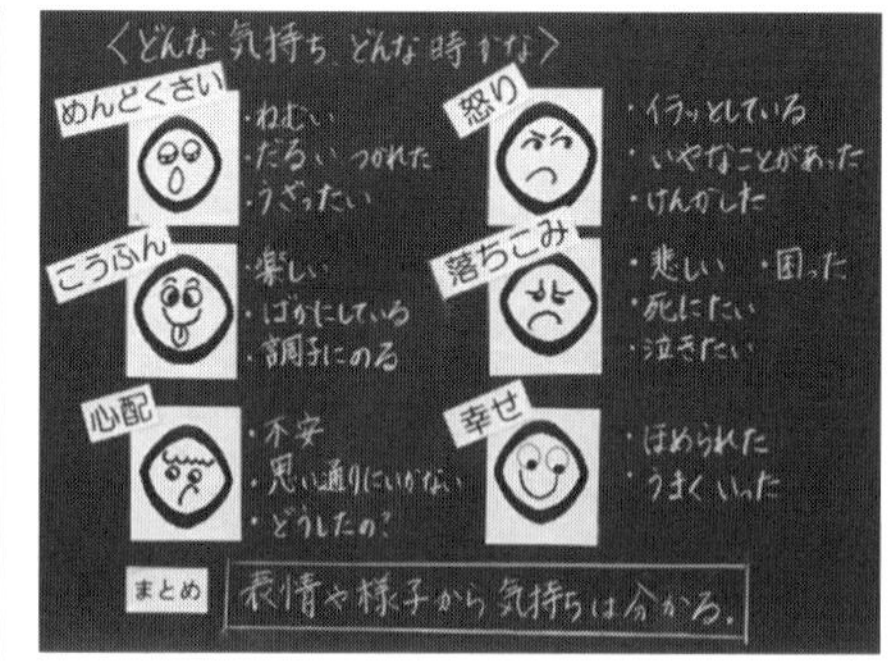

表情カードに描かれている表情を一つ一つ挙げていくと、子どもたちからは、「眠そう」、「だるい感じ」、「うざい」、「ばかにしてる」、「調子に乗ってる」といったような答えが出てきます。もともとがオーストラリアの教材ということもあるので読み取れない表情もあったようですが、同じ表情でも同じ言葉で表現できるとはかぎらず、人によって受け取り方が違い、決してひと通りではないことに子どもたちは気付いたようです。

「だからこそ、気持ちを表す『表情』を大切にしよう」と、この授業のまとめにつなげました。

そして、「レッスン2」以降の学習をスムーズに進めていくために、表情ごとに「めんどくさい」、「こうふん」、「心配」、「怒り」、「落ち込み」、「幸せ」という気持ちの定義づけを行っています。三〇人もの子どもたちに教える場合、このような定義づ

図表3－3　レッスン1のワークシート「気持ちを表す言葉」

**レッスン1**

気持ちを表す言葉

| 幸せ（しあわせ） | 怒り（いか） | こうふん |
|---|---|---|
| 落ち込み | めんどくさい | 心配（しんぱい） |

練習　次の会話は、どんな気持ちを表しているかな？

① ゆううつで、みじめで、いやなことばかりだよ。　＿＿＿＿＿
② 嫌なことばかり考えて、とても機嫌が悪くて、怒りがばくはつしそうだ。　＿＿＿＿＿
③ うれしくて、楽しくて、明るい気持ちそのものだね。　＿＿＿＿＿
④ 気になることがあって、なやんでしまうよ。　＿＿＿＿＿
⑤ 機嫌がよくて、テンションが高くなって、すぐさまに行動したくなるよ　＿＿＿＿＿
⑥ 動くこともいやで、やる気が出ないよ。　＿＿＿＿＿

けを行っていないと収拾が取れないからです。

その後、言葉からも気持ちは理解できるという演習として、六つの会話例を挙げて（**図表3－3参照**）、どのような気持ちなのかを子どもたちに書いてもらっています。

## ◉レッスン1のまとめ

「レッスン1」の最後に、授業のまとめとして感想を書いてもらっています。その一部を紹介しておきましょう。

---

・表情から気持ちを判断するということが改めて分かった。

・表情から気持ちを知ることは当たり前のことだと思っていたけど、友達と感じ方が違っていてびっくりした。

・同じ表情でも感じ方が同じではないことが分かった。

---

どうやら、表情から気持ちを判断することが意外と難しいという点については実感できたようです。第一回目の授業ということもあって私自身も緊張していたのですが、四五分という時間を短く感じてしまいました。たぶん、子どもたちも同じなのでしょう。感想を書くのに、頭を悩ま

せているような様子はうかがえませんでした。

日々一緒に過ごしていると、子どもたち同士でケンカをすることが度々あります。時には、友だち関係をこじらせてしまうということもあります。多くの場合、その原因は「思い込み」という状況にあります。自分が思っていることを、相手も同じように感じていると思ってしまうのです。つまり、勝手に相手の気持ちを悪く思い込んでいるわけですが、実はそうではないことが多々あるものです。

「レッスン１」は、表情から気持ちを読み取ることの大切さを感じてもらう大切な一時間となりました。あいまいな表情をしてしまうと、相手に間違った気持ちを伝えてしまうこともあります。時には、本当は嫌なのに、笑顔をつくってごまかすということもあるでしょう。どういうわけか、気持ちとはまったく違う表情をしてしまうことがあるものです。

また、表情をつくりづらい特別支援を要する子どもにとっては、表情のつくり方の練習を繰り返し行うことが必要だとも感じました。今回のプログラムでは行えませんでしたが、実際に表情づくりをしたり、表情を読み取ったりすることもできればよかったと思っています。というのも、当たり前のことでも理解できていない五年生がいたからです。これまで「表情」に注目した授業がなかっただけに、気持ちと表情を大切にしようという「レッスン１」になったと思っています。

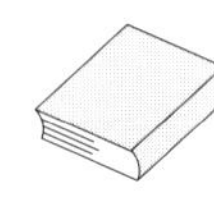

## レッスン２「気持ちって、みんな同じ？」

「レッスン１では、表情によって気持ちが分かるということについて理解しましたね。今日の授業に入る前に、その確認として『気持ちについての質問』をします」と言って、次の質問が書かれているワークシートを配布しました。

**質問１**　どんな気持ちなのかは、どうしたら分かりますか。
**質問２**　気持ちの表し方はどの人も同じですか。
**質問３**　すべての人は同じ出来事には同じ気持ちになりますか。
**質問４**　なぜ、気持ちを表すことは大切なのでしょうか。
**質問５**　今まで自分の気持ちを隠したことはありますか。また、気持ちを隠し続けるとどうなると思いますか。

図表３－４　レッスン２のワークシート「気持ちについての質問」

**レッスン２**　気持ちについての質問

名前（　　　　　　　　　　）

1　どんな気持ちなのかは
どうしたら分かりますか。

2　気持ちの表し方はどの人も同じですか。

3　すべての人は同じできごとには
同じ気持ちになりますか。

4　なぜ気持ちを表すことは大切なのでしょうか。

5　今まで自分の気もちを隠したことがありますか。
気持ちを隠し続けるとどうなると思いますか。
はい　・　いいえ

質問1と質問2は「レッスン1」の確認です。子どもたちからの回答は以下のようなものでした。

**解答例1**――表情を見る。行動を見る。セリフを読む。

**解答例2**――違う。

「『気持ちを知る』ことは、レジリエンスの第一歩です。自分と友達では同じ表情でも気持ちのとらえ方が違う場合があるということが分かったので、今日はさらに気持ちについて、友達と交流しながら考えていきましょう。質問3～質問5の内容は、今日の授業にかかわってくることなので、またあとで確認しましょう」

このように伝えて、今日の目標を確認したあと、「では、今日はドラえもんからレジリエンスについて学びます」と『ぼくを止めるのび太』（四五ページ参照）のあるシーンが描かれたワークシートを配布しました。言うまでもなく子どもたちは、「ドラえもんから!?」という反応を示し、すぐに興味をもってくれました。

図表3－5　レッスン2のワークシート「自分と友だちの気持ちを知ろう」

**レッスン2**　自分と友だちの気持ちを知ろう

名前（　　　　　　　　　　）

ドラえもん「ぼくを止めるのび太」を読み、
「のび太」と「ドラえもん」の気持ちを想像しましょう。
八つ挙げた場面において、どんな気持ちなのかを、
「怒り」「心配」「落ち込み」「幸せ」の四つのなかから選んで、
（　　）に書きましょう。

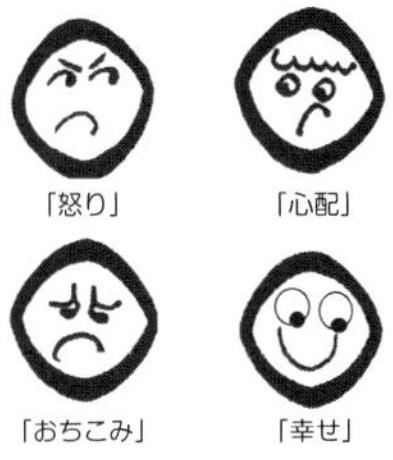

「怒り」　「心配」

「おちこみ」　「幸せ」

**レッスン2のめあて**

自分の気持ちと友達の気持ちを考えよう。

**レッスン2の学習内容**

・気持ちについての質問について考え、話し合う。
・漫画「ドラえもん」の場面（出来事）ごとにどんな気持ちでいるのかを考え、話し合う。
・同じ出来事でも、そのとらえ方は人によって違い、その気持ちの感じ方もさまざまであることを理解する。

---

第2章でも紹介されている「ぼくを止めるのび太」というお話の内容を再掲しておきます。のび太が前から夢としていたカップ麺をお腹いっぱい食べるという場面からはじまります。思いがけず、親戚のおじさんから一〇〇〇円をもらったのび太は、貯金が一三〇〇円に達したので、かねてより夢にしていたプラモデルを買うか、カップ麺一〇個をいっぺんに食べるかの、どちらかの夢を果たそうとします。そして、カップ麺を選んで食べはじめたものの、四個を食べたところで飽きてしまいます。

後悔したのび太は、タイムマシンに乗って、過去の自分に「考え直すように」と諭（さと）しに行きます。しかし、そこには、プラモデルを買った別ののび太がやはりタイムマシンに乗って、プラモデルを買っても組み立てられなくて散々だったから「考え直すように」と諭しに来ていました。カップ麺を食べたのび太はどうしていいのか分からなくなり、三人ののび太が大ケンカになるというお話です。

## レッスン２の授業風景

この話のなかから、考えてもらいたい八コマの場面（出来事）を選び、各場面におけるのび太の行動とセリフから、のび太がどのような気持ちになっているのかを、「怒り」、「心配」、「落ち込み」、「幸せ」のなかから選んでもらいました。そして、場面ごとの気持ちについて、ペアやグループで共有したあとに全体で交流を行っています。

「カップラーメンを買おうとしているのび太に向かって、『こらあ！やめろ！』と言っているのだから、のび太は怒っているでしょ！」と話す子どもに対して、「そう言っているのは食べきれないことを心配しているからでしょ？」と反論する子どもがいるなど、にぎやかな交流でした。いずれにしろ、表情や前後の状況を考えたことで、気持ちのとらえ方は「怒り」や「心配」などに分かれました。

感じ方がほぼ同じになる場面もありましたが、注意深く聞いていると、友達同士でどうやら感じ方が違うようです。同じ場面でも人によってとらえ方が違う、ということが確認できたようです。

第2章（四五ページ）での山本先生の実践では宿題になっていた内容ですが、同じ場面でも感じ方が人それぞれ違うということを具体的に共有したかったので宿題とはせず、授業のなかで扱ったわけです。こちらの思惑どおり、子どもたちは楽しく理解することができたようです。

その後、身近なところで起きる可能性のある具体的な場面として、「次のようなとき、どんな気持ちになる？」と問いかけました。

・誰かが、いじわるな呼び方であなたを呼びます。

・あなたは、みんなの前で発表をしなければなりません。

・あなたは、チームのレギュラーに選ばれました。

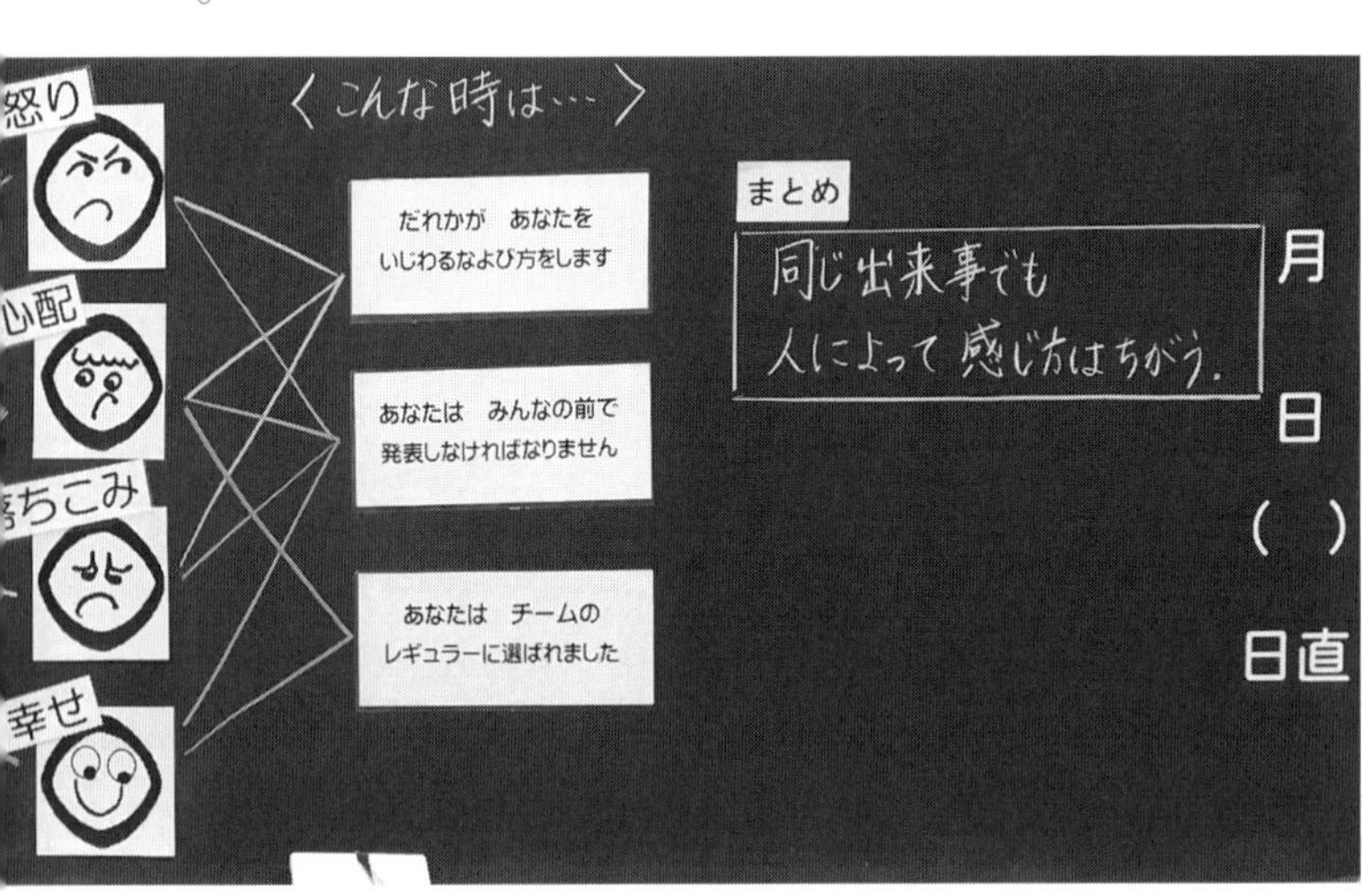

みなさんが想像されるように、にぎやかに、さまざまな意見が出されましたが、ここでも、同じ場面であっても人によって感じ方（受け止め方）が違うことが確認できています。

このあと、「気持ちについての質問３から質問５」についてグループ交流をしてもらいました。「質問３　すべての人は同じ出来事には同じ気持ちになりますか」に対しては、全員から「なりません」という回答がありました。どうやら、みんなこれについては理解したようです。「質問４　なぜ、気持ちを表すことは大切なのでしょうか」に対しては、さまざまな意見が出ています。

・相手に自分の気持ちが伝わらないから。
・自分のことを分かってもらうため。
・分かり合うため。

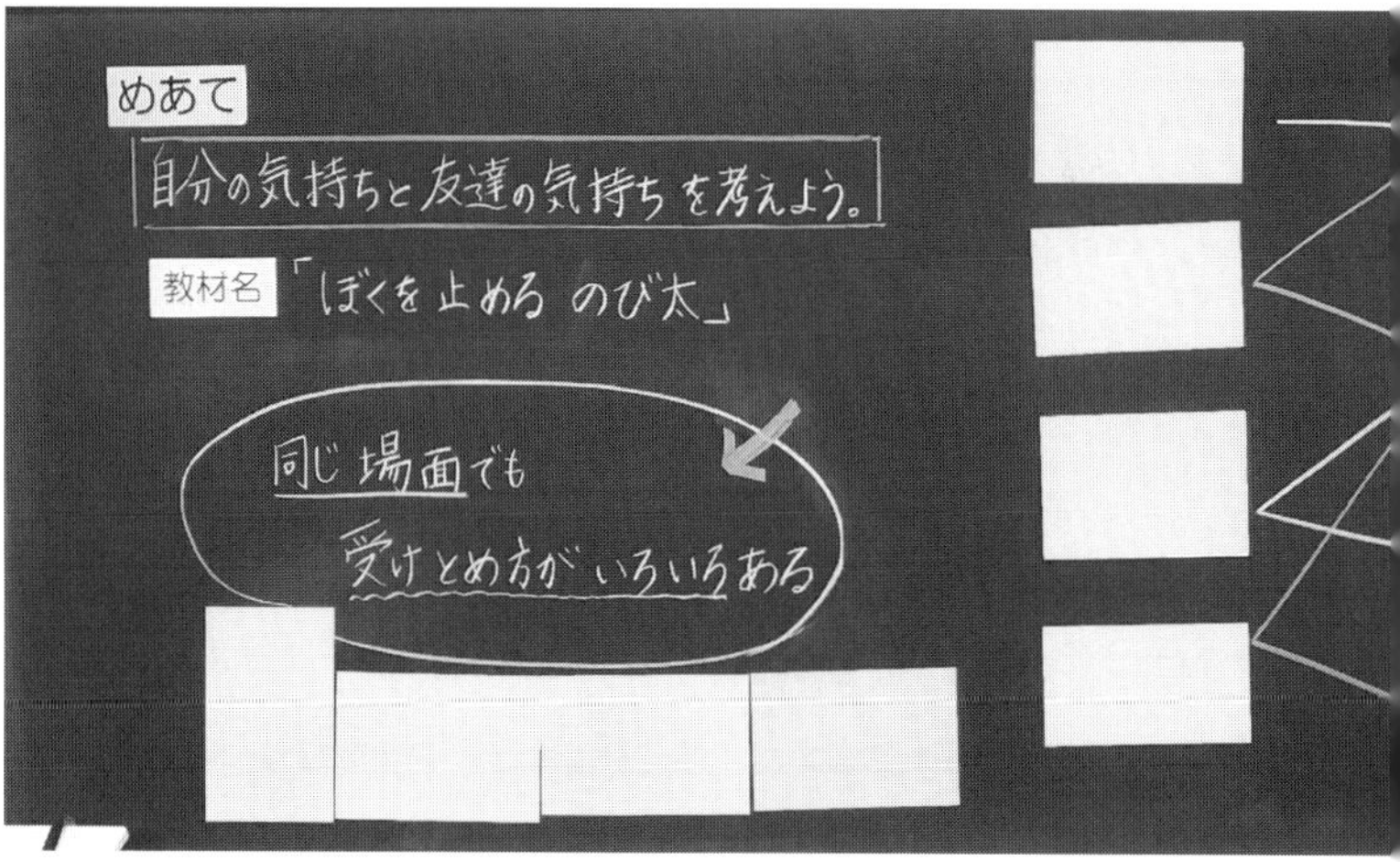

レッスン２の板書（白い枠にそれぞれのシーンを描く）

・自分の心がもやもやするから。
・相手の気持ちが分かるから。
・相手に気持ちを伝えるため。

そして、「質問5　今まで自分の気持ちを隠したことはありますか。また、気持ちを隠し続けるとどうなると思いますか」に対しても、同じくさまざまな意見が出されました。

・悩んでしまう。
・その気持ちがどんどん大きくなってしまう。
・仲間に入れない気持ちになってしまう。
・つらくなる。
・学校に行きたくなくなってしまう。

---

・自分のことを分かってもらえない。
・だんだんつらくなってくる。
・後悔する。
・心が爆発する。

ここで紹介しているのは子どもたちの意見の一部です。もちろん、自分の考えをまとめることができず、発言をしないという子どもがいます。このような子どもたちは何も感じていないのでしょうか。そうではありません。友達の意見を聞いて、参考にしているのです。性格によって、元気よく発言する子どもがいる一方で、静かに聞いているだけという子どもがいるのです。教師が、これらの子どもたちが示す表情の変化に気付いていく必要があるように思います。

授業のまとめとして書いてもらった学習に対する感想を、前回の授業と同じく紹介しておきましょう。

「同じ出来事でも人によって感じ方が全然違うことが分かった。これからは相手の気持ちを考えて行動しようと思った。これからはもっと自分の気持ちを表そうと思った」

「いろいろな気持ちがあった。これからは気持ちを隠さないようにしようと思った。人によって感じ方が違った」

「四つの気持ちのなかから選ぶのは難しいと思った。自分の考えと相手の考えは結構違うなぁと思った。これからは自分の考えだけでなく、相手の意見（考え）も考えていこうと思う」

「自分の気持ちを隠していたら、相手に伝わらないから、自分の気持ちを相手に伝えたほうがいいと分かりました」

いかがですか？　自分の気持ちを感じてもらうのを待つのではなく、自分から表現していくことの大切さ、自分の気持ちと同じく相手の気持ちも大切にして、お互いの気持ちを尊重し合うことが大切なのだと、多くの子どもが書いていました。

## ◉レッスン2のまとめ

この日の学習では、同じ出来事でもそのとらえ方が人によって違うため、気持ちの感じ方も人それぞれであることに気付いてもらうことを「ねらい」としていました。友達同士の話し合いを通じて、相手と自分との違いに気付き、自分の気持ちを主張するのではなく、相手の気持ちも尊重しようという気持ちの育成をもっとも大切にして授業を行ったわけです。

「気持ちは大事にしよう」というのは、当たり前のこととして日頃から伝えています。また、言葉としては社会のなかでもよく謳われているありふれたものだと思いますが、授業のテーマとして「自分の言葉で表現してみましょう」と投げかけられると意外と難しいようで、戸惑いながらワークシートに記入する子どもたちの様子が見られました。

前述したように、これまで「気持ち」をテーマにした授業がほとんどなかったこともあって、改めて気持ちについて問われたことで戸惑いを感じたようです。本来であれば日常生活のなかで自然と身につけられる「相手の気持ちを察する」ということが、家族構造が変化した現代社会では難しくなっているのでしょう。だからこそ、授業において理解してもらう必要があるのです。「気持ちを知る」ことがレジリエンスの第一歩という内容だけに、気持ちを言葉にすることを大事に取り扱って授業をしていきたいと感じる一日でした。

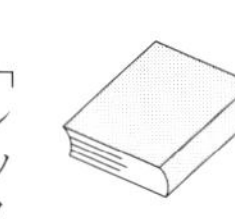

## レッスン3「ちょうどよい気持ちにする」

「レッスン2では、同じ気持ちになりそうな出来事でも、感じ方が同じとはかぎらないということが分かりましたね。つまり、相手の気持ちを理解することは難しいということです。だから、自分の気持ちを知って、相手に伝えることは大切なことなんですね。そして、そうすることがレジリエンスの第一歩なんですね。気持ちを大切にするということは分かったものの、どのような状態の気持ちでもいいわけではありません。そこで、今日の学習は、『ちょうどよい気持ちについて』考えていきます」

このように話し出して、今日の「めあて」を黒板に書きました。今日の授業において子どもたちに学んでほしいことは、落ち着いた気持ちで過ごすための「気持ちのあり方」について知ることとなります。

**レッスン3のめあて**

ちょうどよい気持ちでいられるためにはどうしたらよいのか考えよう。

**レッスン3の学習内容**

・同じ気持ちでも、人によってその感じる強さが違うことに気付く。
・レジリエンスを身につけるためには、ちょうどよい気持ちの強さでいることが大切であるということを理解する。
・絵本『ワニくんのおおきなあし』からレジリエンスを見つける。

## ◉レッスン3の授業風景

いくつかの日常場面が書かれたワークシートを配布して、それぞれが「怒り」、「幸せ」、「落ち込み」、「こうふん」の場面ごとに、感じる気持ちの強さがどれくらいになるかを「1」から「10」の数字で表してもらいました。自分の心の状態が分かるように、気持ちの強さをレベルで表すという活動です。

**【例】誰からいじわるな呼び方をされたときの「怒り」のレベル**

（気持ち）弱い↑（1）　（10）↓強い

ほとんど感じない ↓ 少しの「怒り」↓「怒り」↓ すごい「怒り」

図表3－6　レッスン3のワークシート「気持ちに温度をつけてみよう」

# レッスン3　気持ちに温度をつけてみよう

名前（　　　　　　　　　　　　　　）

あなたの心の温度計をもちましょう。
それぞれの心の温度がどれくらいなのか　温度計に色を塗りましょう。

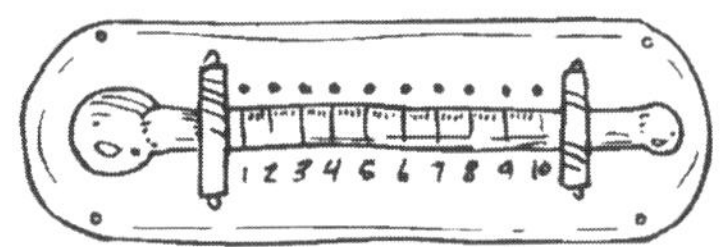


【怒り】

あなたはクラスメイトに　あなたの好きな消しゴムを貸しました。
その子は、ペンで落書きをして半分に折ってしまい、あなたは怒りを感じます。その怒りはどのくらいなのか、温度計に色を塗りましょう。

【幸せ】

両親が、あなたのお小遣いを上げてくれることに賛成（さんせい）してくれました。これで、新しいゲームを買うことができそうなので、あなたは幸せを感じます。その幸せはどのくらいなのか、温度計に色を塗りましょう。

【落ち込み】

あなたの親友が、明日、遠くに引っ越してしまいます。あなたは落ち込みます。その落ち込みはどのくらいなのか、温度計に色を塗りましょう。

【こうふん】

あなたの家族が1億円を手にしました。あなたは、ワクワクドキドキとこうふんしています。そのこうふんはどのくらいなのか、温度計に色を塗りましょう。



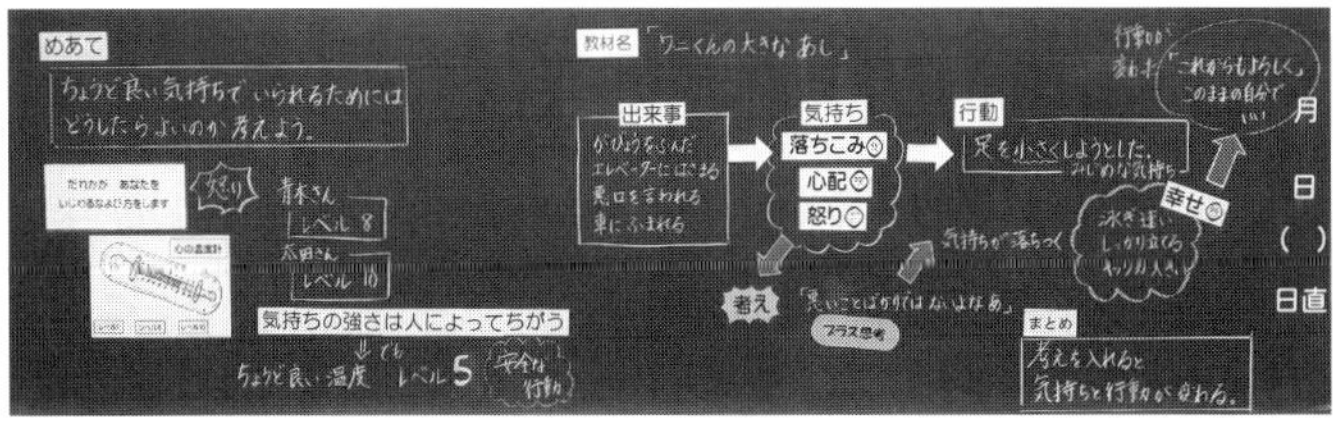


レッスン3の板書

掲載したような例を使って、全員に数字の程度を理解してもらったあと、個人、ペアやグループ、学級全体で数字の確認をしてもらいました。

①友達に消しゴムを貸したら、落書きをして半分に折って返してきたときの「怒り」のレベル。
②両親がお小遣いを上げてくれたときの「幸せ」のレベル。
③親友が遠くに引っ越してしまったときの「落ち込み」のレベル。
④あなたの家族が一億円を手にしたときの、ワクワクドキドキの「こうふん」のレベル。

①を例に話し合いを進めていきました。すると、次のような意見が出ました。
「消しゴムを折って返してきたんだよ、絶対に許さないからレベル10だよ。絶対に文句を言ってやる！」

「レベル6くらいかな。言い返せないし、がまんする」

「別に、そんなに怒るほどのことじゃないからレベル2」

「とても嫌だ」と感じたレベル8や10を超える子どもがいるかと思えば、さほどの怒りを感じないというレベル2の子どももいました。「怒り」を感じる出来事であっても、その感じ方の強さはそれぞれが違うということです。

「身体の平熱が三六度台で、それがちょうどよい体温だとしたら、心の平熱はどれくらいのレベルであるとよいでしょうか？」と投げかけると、「６かな？」、「５かな？」という答えが返ってきました。

それをふまえて、「レベル５ぐらいがちょうどよい、と考えるといいですね」と話して、改めて先ほどの日常場面における「心の温度計」を見ると、それぞれが何かつぶやき合っていました。「さて、レベル10は高熱で、心が病気になっている状態です。そこまで怒ってしまうと心によくないということが分かります。そこで、高熱が出たら薬を飲んで治すように、心の高熱はどのように対処して、心の温度計をレベル５にしたらいいのかについて考えましょう」と今回の「めあて」を振り返り、絵本『ワニくんのおおきなあし』（六〇ページ参照）を読みはじめました。

ワニくんの足はとても大きいので、いろいろと嫌な出来事に出合ってしまいます。足が大きいばかりに画鋲（がびょう）を踏んでしまいます。痛くて落ち込み、落ちていた画鋲に向かって怒り出します。そして、足を小さくしようと冷やしてみるものの、赤く腫れ上がってしまって、足の状態が悪化しました。しかし、「悪いことばかりではないよなぁ」と考え直したところから落ち着いた気持ちになれて、足が大きいから早く泳ぐことができると、前向きな、幸せな気持ちになれたというお話です。

「大きな画鋲を踏むという『出来事』から、痛くて落ち込んだり、落ちていた画鋲に怒ってみたりしたのに、どうして前向きになれたのでしょうか？」と問いかけました。すると子どもたちちから、「悪いことばかりではないよなぁーと考え直したからだ」という答えが返ってきました。

そう、ワニくんは、これまでもてなかった「考え（悪いことばかりじゃない）」がもてたことで落ち着いた気持ちになり、「このままでもよい」と思え、自分のよさに気付けたことで自分のことを好きになったのです。これらをふまえて、この日の授業を以下のようにまとめました。

「『考え』を入れたことで『行動』や『気持ち』を変えることができたのです。この落ち着いた気持ちというのが心の温度計の『レベル5』ということです。このプラス思考が前向きな気持ちや行動につながり、幸せな気持ちになれるんだね」

## レッスン3のまとめ

この日に書いてもらった学習感想は以下のようなものです。

「プラス思考で考えれば大丈夫！　悲しくなってもプラス思考になればいい。プラス思考になるには自分のいいところを見つければできる」

「落ち込みも、いつまでも続くと相手も悲しくなる。いやなことがあっても、そのあとにあるうれしいことを考えていけば、きっとポジティブになれる」

「ポジティブ思考にすることが大切だと分かった」

「大丈夫だと考える。気持ちが強くなったら、弱めることが大切」

「いやなことでも考え方を変えればいいと思いました」

心の温度計をレベル５にするためには、どんな出来事があってもすぐに気持ちにつなげずに、まずは落ち着いて「考える」と気持ちと行動が変わるということを理解したようです。

今回の学習が、ＹＣＤＩレジリエンスプログラムのなかで一番大切な内容だと個人的には思っています。気持ちのままに行動するのではなく、まずは冷静に考えてみれば強い気持ち（高ぶり）にならずに、ちょうどよい気持ちで過ごせるということが実感できたように思います。授業が終わってから、改めて子どもたちに「どのような考えがあると落ち着けますか？」と尋ねると、以下のような言葉を挙げてくれました。

・とにかく上を向く
・叱られるようなことじゃないじゃん
・ピンチはチャンス
・笑っちゃえ！

・大丈夫、大丈夫
・うれしいことを考えてみよう
・これは成長のチャンス！
・苦手なことに慣れるチャンスだよ

どれも「ＹＣＤＩレジリエンスプログラム」の基礎となる考え方です。子どもたちから出た言葉ですので、しっかりと共有して、日常的に活用できるようにと教室に掲示しました。

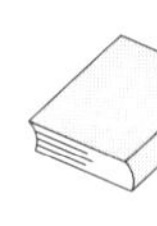

## レッスン4「レジリエンスに必要な力って何？」

「レッスン3では、ちょうどよい心の温度計をレベル5にすることが大事だと分かりましたね。自分の気持ちのままに行動するのではなく、落ち着いて考えるといいんでしたね。では、どうしたらレベル5になるでしょうか。レッスン4では、どういう力をつけられたらいいのかについて考えていきましょう」とまず話し、今日の「めあて」の確認をしました。

**レッスン4のめあて**

ちょうどよい気持ちでいるために必要な力は何かを考えよう。

**レッスン4の学習内容**

・絵本『こんとあき』からレジリエンスを見つける。
・レジリエンスの四つの力について理解する。
・大事件スケールから、自分の出来事について冷静に判断できるようにする。

## ◉レッスン４の授業風景

レッスン４では、絵本『こんとあき』（七八ページ参照）を読んだうえで、さらにレジリエンスにおける大切な力について考えてもらうことにしました。

このお話は、古くなったため腕がほころんでしまった「こん」（おばあちゃんがつくったぬいぐるみ）を治してもらうために、おばあちゃんの家に出掛けた「あき」たちの冒険話です。どんな状況でも負けない二人には、レジリエンスの力があります。今日の授業で気付いてほしいレジリエンスは、これまでに登場してきた「クマ」、「小鳥」、「リス」、「ワニ」のこともふまえたうえで、四つにまとめていきます。

ここでワークシートを配布して、賢く生きるための四つのレジリエンスが何かについて考えてもらったうえ、話し合いをしてもらいました。

「あきは、電車でこんとはぐれたり、犬に連れさられたこんを探したりしても冷静に考えることができていました」

「こんは、しっぽを電車のドアにはさまれても、『だいじょうぶ、だいじょうぶ』と言って不安がるあきを安心させようとしました」

「腕がもげてしまったときも、こんは落ち着いていました」

図表3－7　レッスン4のワークシート「レジリエンスとは何？　大切な四つの力」

# レッスン4　レジリエンスとは何？　大切な四つの力

名前（　　　　　　　　　　　　　　）

落ち込んだり、不安になったりと、イライラしたり、マイナスな気持ちになることは自然にあることです。でも、そんな大変な時にレジリエンス（自己回復力）が身に付いていると、役に立つことがあります。

さて、レジリエンスとは一体、どんなことをいうのでしょうか。

① ＿＿＿＿の気持ちに気付く力
② 落ち着いていることが＿＿＿＿力

心の温度計「レベル5」にする

③ ケンカをしないで逃(に)げ出さないで＿＿＿＿を変える力
④ 元気を回復(かいふく)して＿＿＿＿や＿＿＿＿に戻(もど)る力

落ちこみ、不安、怒りマイナスな気持ちゼロ

＿＿＿＿＿＿＿＿＿＿＿＿＿＿＿＿＿＿＿＿

＿＿＿＿＿＿＿＿＿＿＿＿＿＿＿＿＿＿＿＿

＿＿＿＿＿＿＿＿＿＿＿＿＿＿＿＿＿＿＿＿

＿＿＿＿＿＿＿＿＿＿＿＿＿＿＿＿＿＿＿＿



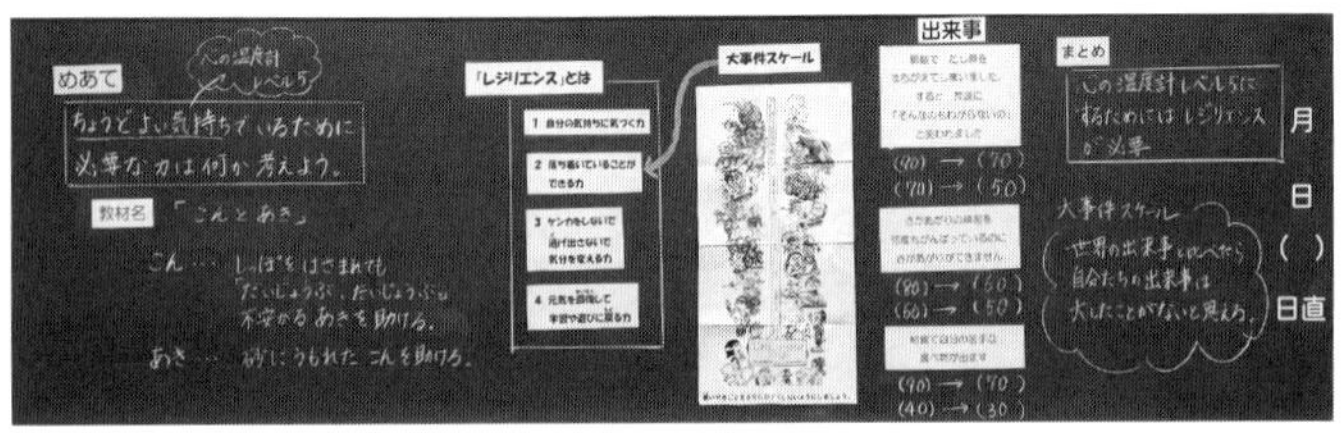


レッスン4の板書

「どんな困難にも二人は逃げ出さずに、元の元気さを取り戻そうとしていました」

読まれて分かるように、子どもたちはレジリエンスがどういうものかを理解していきました。これらの話し合いを通して、以下の四つにまとめています。

①自分の気持ちに気付く力
②落ち着いていることができる力
③ケンカをしないで逃げ出さないで気分を変える力
④元気を回復して学習や遊びに戻る力

「では、これから困難な出来事があった場合、『こん』と『あき』のように、どうやったら乗り越えていくことができるのかについて考えていきましょう」と伝え、日常生活においてありそうな困難な出来事（事件）が書かれたワークシートを使って考えてもらうことにしました。

その出来事が自分にとってどれくらい大変なことなのか、その出来事の重大さを「1」から「100」のスケール（数値）で表してもらっています。100から90が「ものすごく悪い」、89から50が「すごく悪い」、49から10が「悪い」、9以下は「少し悪い」といった具合です。

そして、ペアやグループでお互いの数値を見せ合って、それぞれの感じ方の程度を確認してもらいました。すると、同じ出来事でも人によってスケールが違うことが分かりました。たとえば、お父さんとお母さんに叱られたという出来事については、ある子どもにとってはかなり大変なことで「スケール75」と感じていましたが、少し悪い程度の「スケール35」という子どももいました。

たぶん、想像した叱られた方が違うのでしょう。「スケール75」と書いていた子どもは、前の日にイタズラか何かをして、「今日のおやつはなし」と言われたあと、お父さんとお母さんにこっぴどく叱られたのかもしれません。つまり、自分のなかで

図表3－8　レッスン4の「大事件スケール」

**<大事件スケール>**

次のような時、あなたにとってどれくらい大変な出来事（事件）ですか？　100までのものさし（スケール）があるとしたら、どれくらいの数字で表すことができますか？

㊀例 新しい髪型が気に入りません。　スケール（50）

100－90（ものすごく悪い）／89－50（すごく悪い）／49－10（悪い）

① 友だちとケンカをしてしまいました。
スケール（　　）→（　　）

② お父さんとお母さんにしかられました。
スケール（　　）→（　　）

③ 学校の勉強がよく分かりません。
スケール（　　）→（　　）

④ 友だちがいじわるな呼び方をします。
スケール（　　）→（　　）

⑤ 大事にしていた金魚が死にました。
スケール（　　）→（　　）

⑥ 一生懸命にやったテストの点数が悪くてがっかりです。
スケール（　　）→（　　）

⑦ 自転車の事故で入院することになりました。
スケール（　　）→（　　）

⑧ 楽しみにしていた旅行がキャンセルになりました。
スケール（　　）→（　　）

も感じ方が変わるということを自覚する必要があるということです。

子どもにかぎらず、大人においても発言や決断には必ず理由があります。とくに子どもの場合、その背景に意識を向けてあげることで安心感を抱きますし、その結果として、ポジティブな考え方をするようになります。つまり、レジリエンスの力が高まるということです。すべての子どもに尋ねることはできないでしょうが、教師のこのような姿が子どもたちによい影響を与えるように思います。

日常生活の出来事をスケール化（数値化）したあとは、「大事件スケール」（七一ページ参照）に示されている世界で起きている出来事もスケール化していきました。スケール100から90が「戦争や自然災害」、スケール89から50が「事故や犯罪、いじめや誰かの死」、スケール49から10が「ケガや病気、テストで悪い点をとること」、スケール10以下は「アイスを落とす」などの出来事となっています。

その後、改めて自分たちの出来事のスケールと照らし合わせて数値を見直しました。すると、多くの子どもたちは、「自分の出来事なんて大したことないな」と思えてきたようで、最初に書いた数値を小さくしていきました。書き直したワークシート（**図表３－９**）を見ていただければ分かるように、かなり数値が落ちている子どももいました。

授業の終わりに、改めて「ちょうどよい気持ちとはどういうことですか？」と問いかけると、

図表３－９　子どもたちが書き直したワークシート

**Aさん**

① 友だちとケンカをしてしまいました。

スケール（50）→（10）

② お父さんとお母さんにしかられました。

スケール（25）→（5）

③ 学校の勉強がよく分かりません。

スケール（30）→（10）

④ 友だちがいじわるな呼(よ)び方をします。

スケール（70）→（17）

**Bさん**

① 友だちとケンカをしてしまいました。

スケール（59）→（35）

② お父さんとお母さんにしかられました。

スケール（78）→（25）

③ 学校の勉強がよく分かりません。

スケール（47）→（30）

④ 友だちがいじわるな呼(よ)び方をします。

スケール（89）→（20）

**Cさん**

① 友だちとケンカをしてしまいました。

スケール（30）→（10）

② お父さんとお母さんにしかられました。

スケール（20）→（10）

③ 学校の勉強がよく分かりません。

スケール（10）→（0）

④ 友だちがいじわるな呼(よ)び方をします。

スケール（50）→（20）

**Dさん**

① 友だちとケンカをしてしまいました。

スケール（40）→（10）

② お父さんとお母さんにしかられました。

スケール（30）→（5）

③ 学校の勉強がよく分かりません。

スケール（40）→（5）

④ 友だちがいじわるな呼(よ)び方をします。

スケール（60）→（20）

「心が落ち着いている状態」とか「心の温度計で表したらレベル5」と反応していました。心の温度計のレベル5になるために必要なことがレジリエンスであるということを、この日の学習において使った言葉で表現してくれたわけです。レジリエンスについての理解が進んだことが分かって、私も思わずうれしくなりました。

## レッスン4のまとめ

この授業も四回目ともなると、毎回書いてもらっている学習感想もしっかりしたものになります。次に示すように、単に思ったことを書いておらず、構文がしっかりしています。

---

・気持ちを入れかえればだいじょうぶ。地球がこわれることに比べたら、ほとんど大したことはない。だから、大丈夫。
・いやなことがあっても、楽しいことが待っていることを考えてみれば、全然大したことじゃないと分かりました。
・世界が終わるのと比べると、普段の出来事は大したことがないと思いました。でも、自分のペットが死んでしまったら100では収まらないくらい悲しいと思います。
・宿題や物をなくしても、そんなにおおごとじゃないから、そんなに悲しまないようにします。

・これからいやなことがあったら、気分を変えてもう一度考えてみようと思った。
・私はどんなときも落ち着いてみることにしているから、自分にとっていいことをしているのだと思った。気分が不安定なときは、好きな本を読んで気分を落ち着かせています。

五年生とは思えないほど明確なコメントです。いずれにせよ、みんな、ちょうどよい気持ちでいるための方法については理解できたようです。

今回の学習を通して、「自分たちの身の周りの出来事は世界の出来事に比べたら大したことではない、と思えば気持ちが落ち着いてくる。そして、心の温度計をレベル５にするためには、気持ちに考えを入れて、マイナスの気持ちにならないようにすることでちょうどよい気持ちで過ごせるようになり、行動も変わる」というレジリエンスが理解できたと思っています。

困難なときにこそ気持ちを落ち着かせて、行動を変えることで今より悪くならないようにすることが大切です。これが「幸せ」を感じるためのカギであり、レジリエンスであるということがかなり分かってきたようです。

プログラムを進めている私にとっても張り合いのある時間となってきました。次の授業が楽しみになったという一日でした。

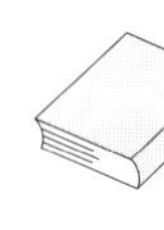

# レッスン５「レジリエンスは高められる」

「レッスン４では、レジリエンスには四つの力があるということを理解しました。レジリエンスとは何かを振り返りましょう」と話し出し、まずは、前回レッスンの「身の周りで起きている出来事は世の中の大事件に比べれば『少し悪い』程度のことだと考えると気持ちが落ち着き、行動を変えられる」ということを確認しました。

「レジリエンスは高めることができます。今回のレッスン５では、レジリエンスを高める七つの方法について、体験しながら学びましょう」と伝えて、ワークシートを配布しました。

**レッスン５のめあて**

レジリエンスの高め方を知ろう。

---

**レッスン５の学習内容**

・レジリエンスを高める方法を体験しながら理解する。

## レッスン5の授業風景

今回のレッスンは、考えることよりも体験することを重点的に行いたいので、まず七つの方法について簡単に紹介しました。

①自分の気持ちに気付くこと。
②今より悪くならないようにすること。
③そこから離れてほかのことをやってみること。
④自分を受け入れ、「このままでもいいよ」とひとまず許すこと。
⑤5－3－5呼吸法でリラックスすること。
⑥人に話すこと。
⑦運動をすること。

最初の二つはレッスン1とレッスン2の学習内容で、③と④はレッスン3の学習内容です。すべてについて体験するだけの時間的な余裕がないため、④について話し合うことにしました。

「④自分を受け入れ、「　　　　でもいいよ」とひとまず許すこと」と板書して、空白のところに言葉を入れてもらいました。子どもたちからは、「よくやっているよ」とか「大丈夫だよ」

といった言葉が挙がりました。また、絵本『ワニくんのおおきなあし』の「ワニくんの行動だね」と気付いた子どももいました。

ここで大切にしてほしいことは、「人は誰でも失敗をする。そんな自分を受け入れて、認めてあげることで次の行動を考えるきっかけになる」ということです。要するに、失敗から学んで、行動を変えていけるようにするということです。

「⑤□－□－□呼吸法でリラックスすること」では、空白のところに入る数字をすぐに伝えて体験してもらいました。

「五秒間でゆっくり吸って、三秒間止めて、五秒間でゆっくり吐く」という呼吸法は、自らの呼吸に意識を向けることでリラックスできるという効果があります。授業中に、怒りすぎていたり、大きな悲しみを抱えていたり、興奮しているという

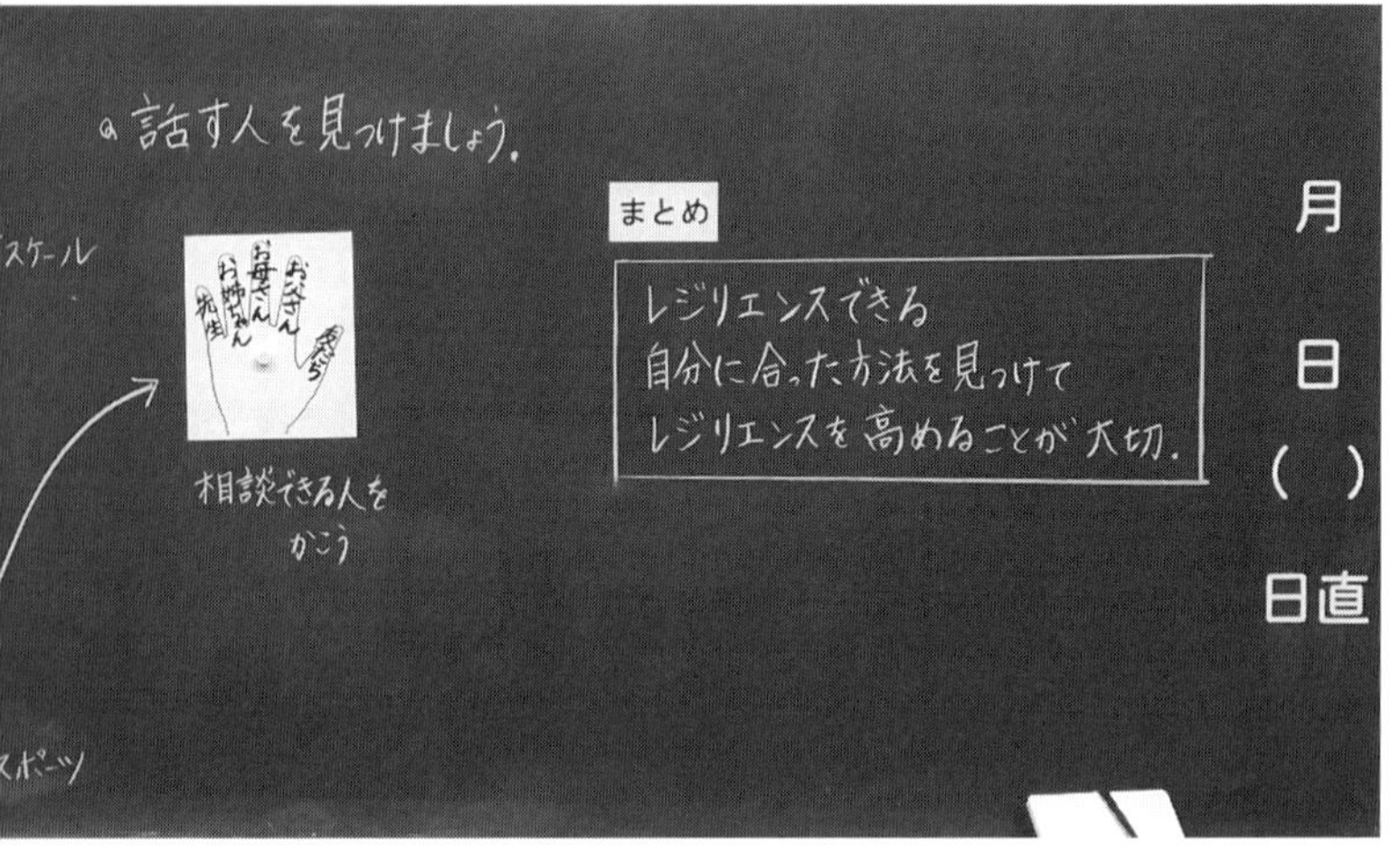

子どもたちはいなかったので、「発表をするとき」、「検定やテストの前」、「友達とケンカをしたとき」といった自らの感情を思い出してもらって、この呼吸法を体験してもらいました。

　子どもたちも、日々それぞれストレスを抱えながら生活しています。そういうときに思い出してもらえるようにと願って説明をしていきました。「やってみてどうでしたか?」と尋ねると、「ちょっと気持ちが落ち着くような気がする」と話す子どもたちが多かったです。「気持ちが強くなってしまったときにやってみてください」と伝えて、「⑥人に話すこと」のレッスンに移りました。

「⑥人に話すこと」は、悩んでいることを人に話すという方法です。誰に話すのかは、自分で決めます。

　ワークシートに書かれた手の指に、その人の名

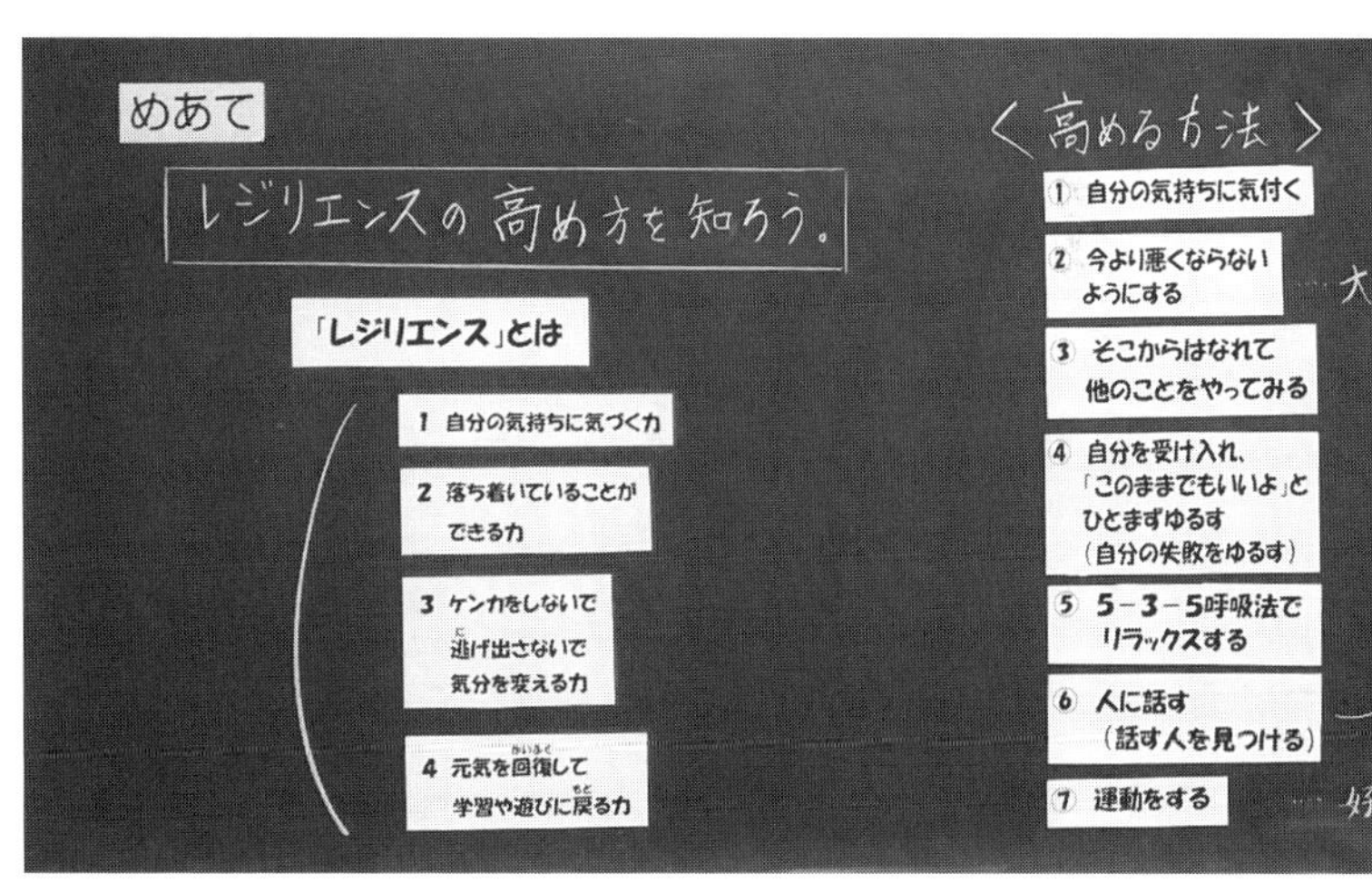


レッスン5の板書

図表３－10　レッスン５のワークシート「レジリエンスを高めよう①」

# レッスン5

レジリエンスを高めよう①

名前（　　　　　　　　　　　　　　）

レジリエンスはどうしたら身に付けることができるのでしょうか。
今日は簡単な方法でレジリエンスを高める活動を行いましょう

**【レジリエンスを高める七つの方法】**

① 自分の気持ちに気付く。
② 今より悪くならないようにする。
③ そこから離れてほかのことをやってみる。
④ 自分を受け入れ、「＿＿＿＿＿でもいいよ」とひとまずゆるす（自分の失敗を許す）。
⑤ □－□－□ 呼吸法でリラックスする。
⑥ 人に話す。（話す人を見つける）。
⑦ ＿＿＿＿＿をする。

＿＿＿＿＿＿＿＿＿＿＿＿＿＿＿＿＿＿＿＿＿＿＿＿

＿＿＿＿＿＿＿＿＿＿＿＿＿＿＿＿＿＿＿＿＿＿＿＿



前などを書いてもらいました。授業中には、話したい人とは実際に話せないので、隣の人とペアになって、困っていることをお互いに話すという練習をしました。このとき、聞き役となった子どもは、話し役である子どもの話の腰を折ることなく、最後まで受け入れるようにして頷きながら聞くというルールを設けて行っています。

「実際にやってみてどうでしたか？」と感想を尋ねると、「自分だけではないと

図表３－11　5－3－5呼吸法

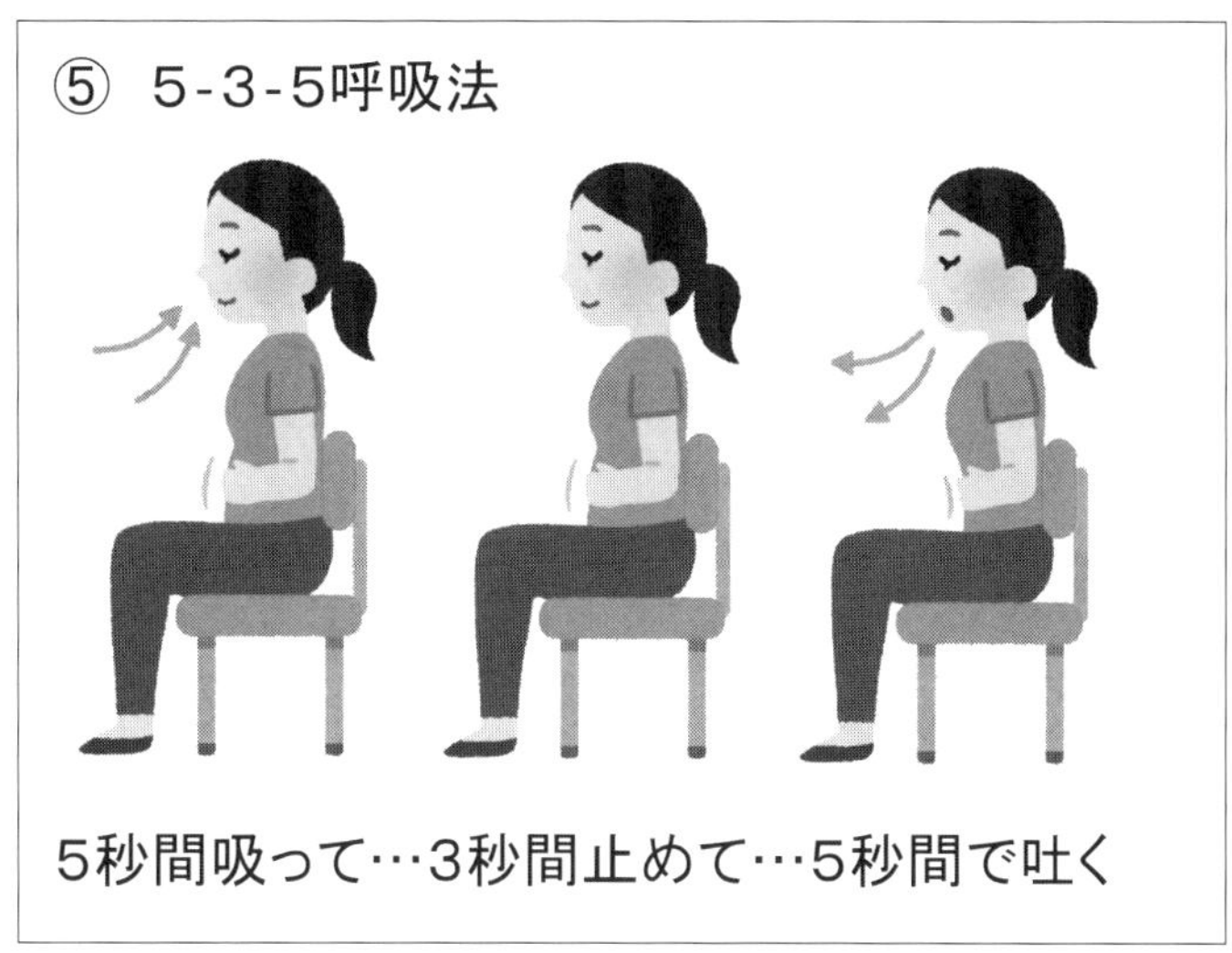


図表３－12　話す人を見つける

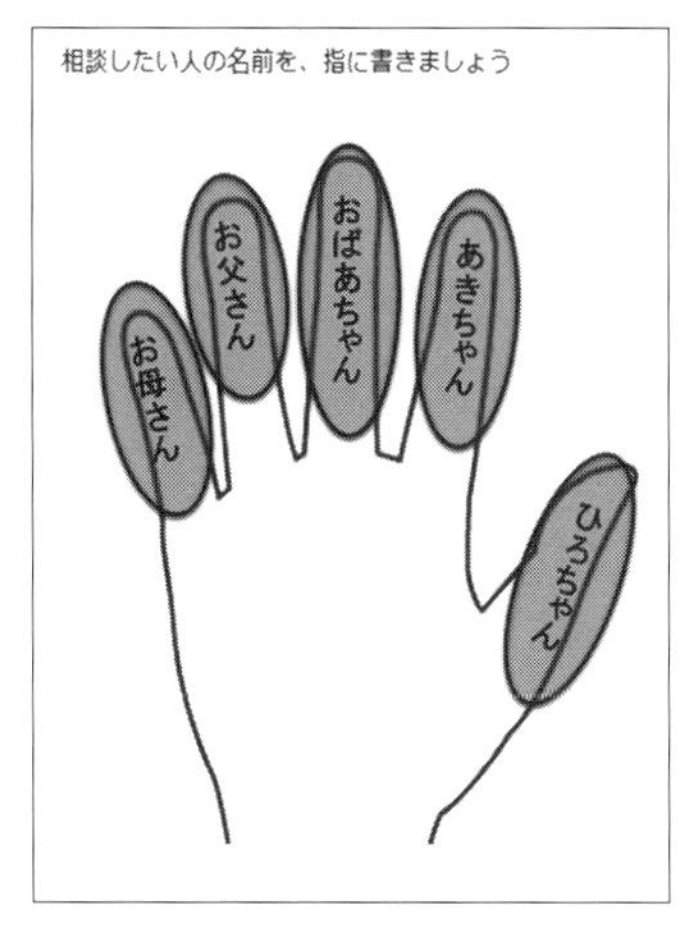


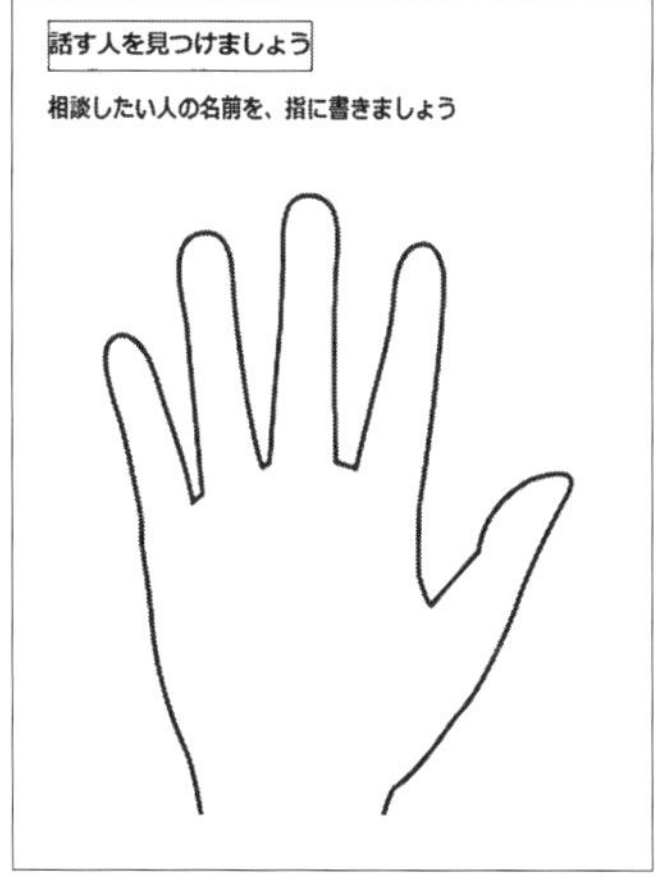

いうことが分かった」とか「気持ちが楽になった」と、感じたことを教えてくれました。

なかには、自分の思っていることを誰かに伝えるということが素直にできない子どもがいます。自分だけが悩んでいることかもしれない、という気持ちになっている子どもがいるのです。そんな子どもたちのためにも、いざというときの備えとして、これは大切な体験学習となります。そして、何よりも、レジリエンスを高めるためにも話す必要があるんだということに気付いてもらう体験学習になったと自負しています。

最後の「⑦運動をすること」というのは、子どもたちには意外なことだったようです。また、運動が苦手な子どもたちにとってはストレスの原因になってしまう場合があるので、もっと気軽にとらえて、「とにかく身体を動かして遊ぶこと」だと伝えたうえ、「気分をリフレッシュするためにします」と話しました。

とはいえ、実際に身体を動かさないと確かめることができないので、校庭に出て体感してもらうことにしました。

## レッスン5のまとめ

さて、この日の授業に対する学習感想を紹介しておきましょう。

・人前に立つときは、５－３－５呼吸法をすれば、リラックスできると分かりました。
・怒ったときは呼吸法でリラックスしてみたいと思った。
・もし、いやな気持ちになったら運動をする。
・いやなことがあっても、自分を受け入れて、許すことがいいんだなと思いました。
・つかれているときやこうふんしていることが多いから、５－３－５呼吸法を使ってリラックスしたいです。
・気分転換をすることが大切だから、これからもしていこうと思う。
・自分を受け入れることを意識して、それでもだめだったら信用できる友達に相談してみようと思った。
・この七つの方法は学校でも家でも使えそうです。

---

元気を取り戻すための方法を身につけることが大切であると分かったようです。それを再確認してもらうために、「自分にとってレジリエンスを高めるために有効な方法を見つけることが大切です」と伝えて、この日の授業を終えました。

「人に話す」ことで思わぬ解決の糸口が見いだせる場合があります。悩みの解決に直接つながらないとしても、自分だけではないという安心感が抱けたり、誰かに話すことで心のストレスが軽くなるということを知ってほしいのです。一般論で言えば、五人に話したら気持ちは落ち着くものです。

普段の子どもたちを見ていると、こんなことを話したら叱られると思って、大人には黙っているという姿を度々見かけます。しかし、相談してみるとあっさり解決してしまうということが意外に多いものです。また、発達特性がある子どもがパニックを起こした場合でも、その場から離れたり、好きなことをやっていると気分が変わるという場合が多いはずです。つまり、レジリエンスを高めるというのは、決して難しいことではなく、すでにやっていることを少し意識的に行うということなのです。

大人でも、日常生活のさりげない話はできても、困ったことについて相談できる人となると意外に少ないものです。日頃から相談できる人を五人ほど決めておくと、何かトラブルが生じても話すことで回避することができます。話せる人がいると思うだけでも心が軽くなる、と私自身が実感しました。

また、「⑦運動をする」というのは、「③そこから離れてほかのことをやってみること」に通じるものがあります。身体を動かすという意味でとらえて、ここでは七つの方法としましたが、自分に合ったものを見つけてレジリエンスを高めることが大切である、と理解してください。

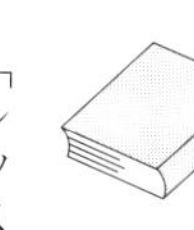

# レッスン６「頭を使ったレジリエンス」

「レッスン５ではレジリエンスを高める七つの方法を知りました。レッスン６では、レジリエンスをパワーアップさせるために、『頭を使ったレジリエンス』を高める方法を知っていきましょう」と言って、この日の「めあて」の確認をしました。

「頭を使った」と言った途端、思わず顔をしかめた子どもがいました。普段の授業スタイルを思い起こしたのでしょう。このような反応、何となく分かります。

**レッスン６のめあて**

　頭を使って上手に考えよう。

**レッスン６の学習内容**

・絵本『くもさんおへんじどうしたの』からレジリエンスを見つける。
・レジリエンスの四つの力の高め方を、頭も使ってさらにパワーアップさせる方法を知る。
・「考え」を入れることで気持ちや行動を変えるということを改めて理解する。

## レッスン6の授業風景

絵本『くもさんおへんじどうしたの』（八五ページ参照）の読み聞かせからはじめ、どのような方法で登場人物たちはレジリエンスを高めているのかについて話し合うことにしました。

この絵本は、くもさんが忙しく自分の巣をつくっているときに、いろいろな誘いを動物たちから受けるというお話です。忙しくしているくもさんは、動物たちに返事をしませんでした。しかし、無視された動物たちは、「忙しいのかもね」とくもさんの気持ちを察し、その場をそっと立ち去っていきます。

子どもたちには、どのような出来事があったのかを挙げてもらいました。

・動物たち「さそう」

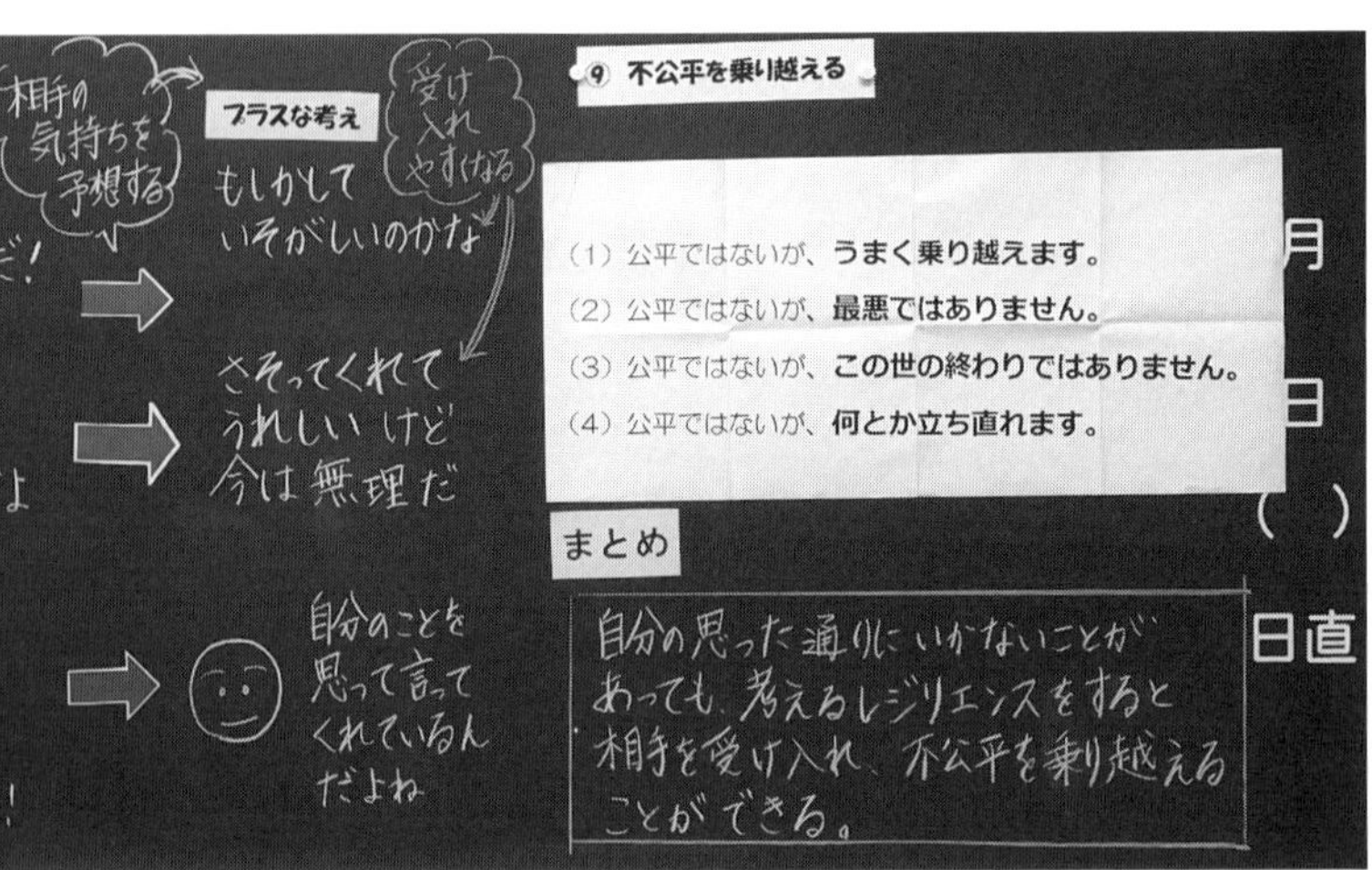

・くもさん「返事をしない」

「レッスン2では、出来事からは気持ちが生まれ、その感じ方は人によって違うこと。レッスン3では、同じ出来事でも気持ちの強さが人によって違うということを学びました。ただ、どんな気持ちでもいいのではなく、また強いからいいわけでもありませんでしたね。ちょうどよい気持ちでいることが必要でした。そのために必要なことは、『出来事』があったあとに『考え』を入れるとちょうどよい気持ちになって、よい『行動』をとることができるということでした。さて、『考え』を入れれば、どんな『考え』でもいいのでしょうか?」と投げかけると、すぐさま「違う気がする」という答えが返ってきました。

そこで、「今回のレッスンは、『どんな考えがい

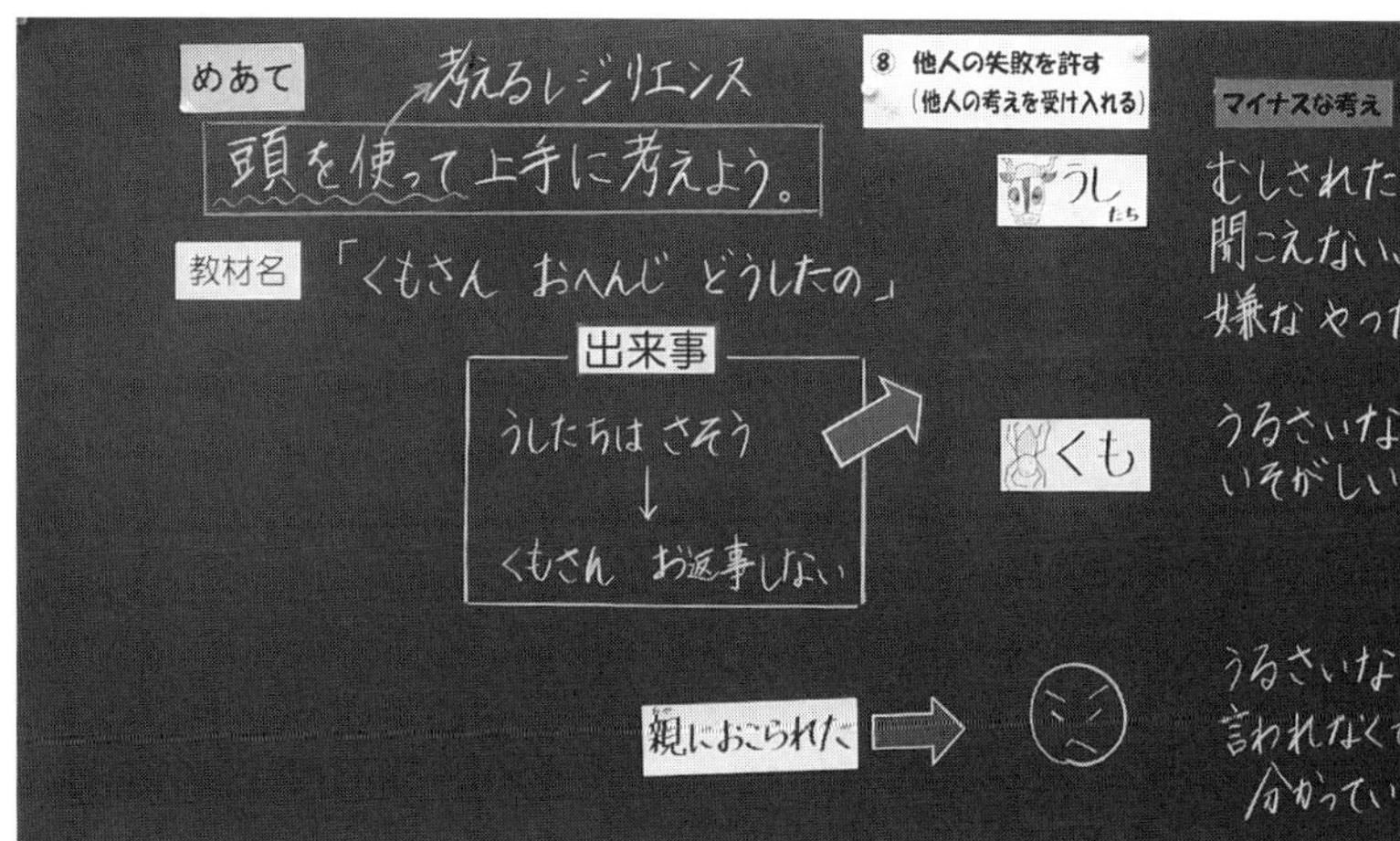


レッスン６の板書

いのか』頭を使って考えていきましょう」と言って授業を進めていきました。

「動物たちに誘われたのに、どうしてくもさんは返事をしなかったのでしょうか。一体、どんな気持ちでいたのでしょうね？」と問うと、「うるさいな」、「忙しいんだよ」、「あっち行って」と、子どもたちはくもさんの気持ちを表現しました。

「では、動物たちはくもさんにお返事をもらえなくて、どんな気持ちになったのでしょうか？」という質問には、「無視された！」、「聞こえないふりだ」、「いやな奴だ！」と、ちょっと辛辣（しんらつ）な表現が挙がりました。想像どおりとはいえ、ちょっと厳しい言葉です。そこで私は、次のように尋ねています。

「ただね、それだとお互いに『怒り』の気持ちが強くなりがちです。そこで、気持ちをレベル5にしないと……。動物たちは怒っていないよね。どうしてでしょうね？」

「くもさんは忙しいのかもしれない。くもさんの気持ちを考えて、その場を離れていった」

と、気持ちと行動を切り替えた動物たちについて考えたことを話してくれた子どもがいました。

そして、続けて次のようにその理由を教えてくれました。

「くもさんもお返事をしなかったけど、心の中では『ごめんね、今は忙しいの』とか『誘ってくれて嬉しいけど、今は無理なの』とか『また今度誘ってね』とか、思っていたかもしれない」

「動物たちは、くもさんの気持ちを予想したことで、くもさんの行動や考えを受け入れたんです

図表３−13　マイナスの考え・プラスな考え

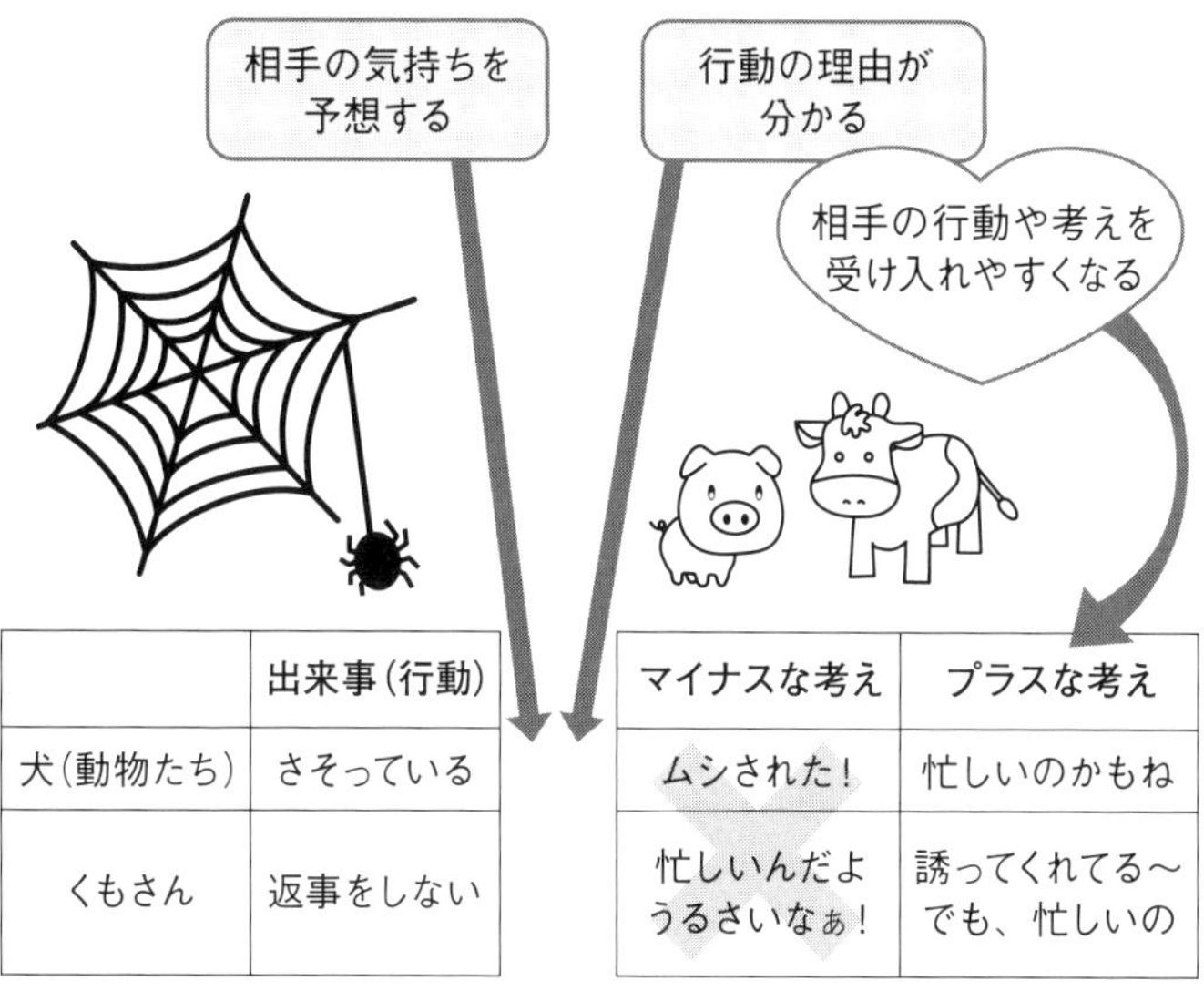


| | 出来事（行動） | マイナスな考え | プラスな考え |
|---|---|---|---|
| 犬（動物たち） | さそっている | ムシされた！ | 忙しいのかもね |
| くもさん | 返事をしない | 忙しいんだよ うるさいなぁ！ | 誘ってくれてる〜 でも、忙しいの |

図表３−14　レッスン６のワークシート「レジリエンスを高めよう②」

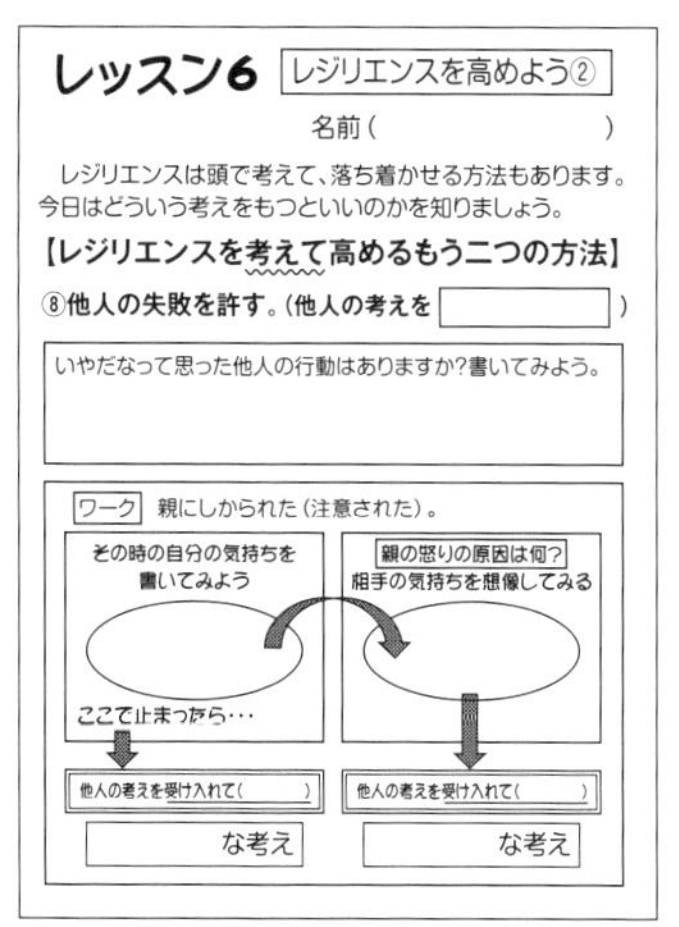

**レッスン６**　レジリエンスを高めよう②

名前（　　　　　　　　）

レジリエンスは頭で考えて、落ち着かせる方法もあります。今日はどういう考えをもつといいのかを知りましょう。

**【レジリエンスを考えて高めるもう二つの方法】**

**⑧他人の失敗を許す。（他人の考えを［　　　　］）**

いやだなって思った他人の行動はありますか？書いてみよう。

ワーク　親にしかられた（注意された）。

その時の自分の気持ちを書いてみよう

ここで止まったら・・・

他人の考えを受け入れて（　　　　）

な考え

親の怒りの原因は何？
相手の気持ちを想像してみる

他人の考えを受け入れて（　　　　）

な考え

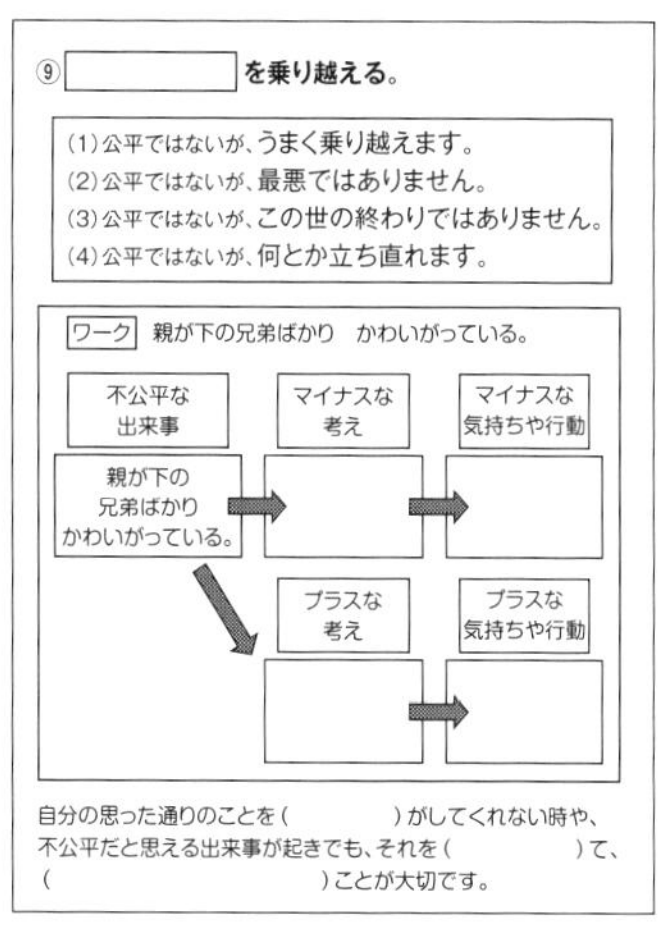

**⑨［　　　　］を乗り越える。**

(1) 公平ではないが、うまく乗り越えます。
(2) 公平ではないが、最悪ではありません。
(3) 公平ではないが、この世の終わりではありません。
(4) 公平ではないが、何とか立ち直れます。

ワーク　親が下の兄弟ばかり　かわいがっている。

| 不公平な出来事 | マイナスな考え | マイナスな気持ちや行動 |
|---|---|---|
| 親が下の兄弟ばかりかわいがっている。 | | |
| | プラスな考え | プラスな気持ちや行動 |
| | | |

自分の思った通りのことを（　　　　）がしてくれない時や、不公平だと思える出来事が起きでも、それを（　　　　）て、（　　　　）ことが大切です。

ね。相手の気持ちや行動が分かれば、相手を受け入れやすくなります。これを『プラスの考え』とします。相手の行動や考えを受け入れられないと『無視された』とか『マイナスな考え』になりやすく、『怒り』の気持ちになりやすいものです。ですから、プラスな考えがもてるようになるといいですね」と話して子どもたちの表情を見ると、心なしか和やかな感じがします。レジリエンスについて少しは学べたかと、私自身も安堵しました。

続けて、「このようなレジリエンスの方法を『⑧相手の失敗を許す（相手の考えを受け入れる）』と言います」と話し、具体的な事例を使って確認するためにワークシート（**図表3－14**）を配布しました。

このあと、「親に叱られた」という出来事を事例にして学習していきました。

たとえば、部屋の片付けをしないでいて、母親に

図表３－15　「⑧他人の考えを受け入れる」で、子どもが書いたワークシート

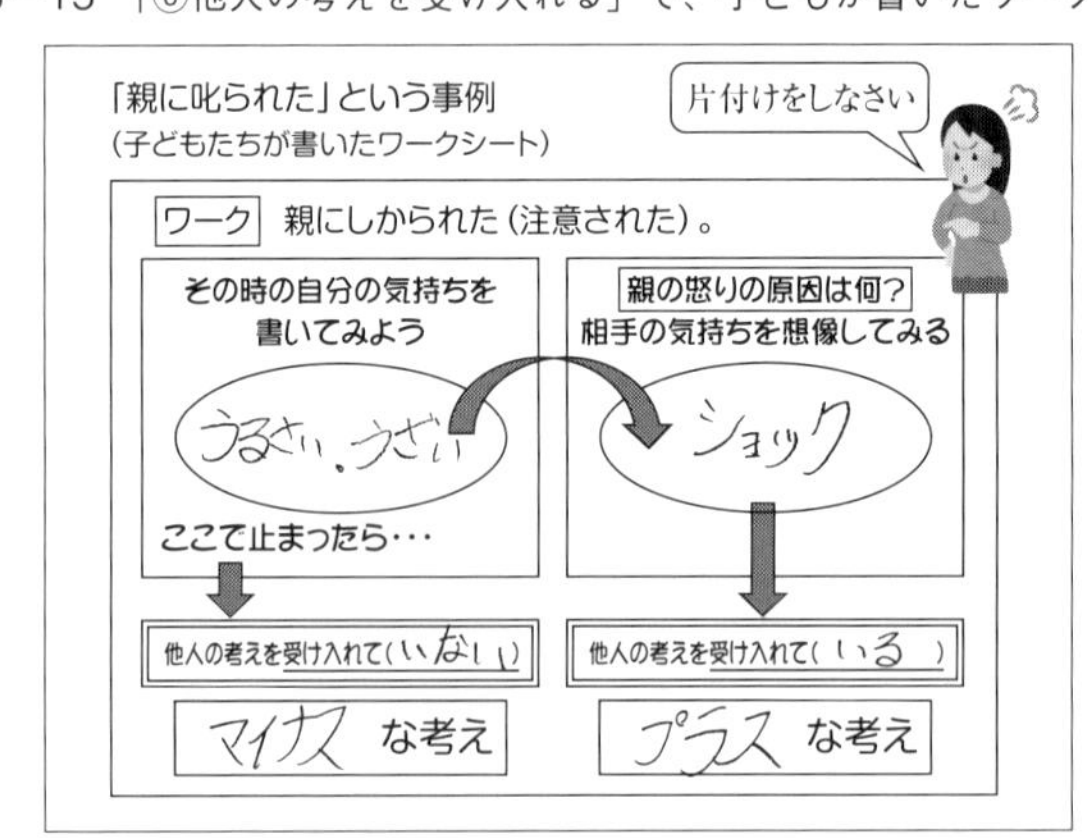

「片付けなさい！」と叱られたといった場面です。このとき、母親の気持ちを考えないでいると、「はいはい、うるさいな～」とか「うざいな～」という気持ちになるものです。ここで止まってしまったら、母親の考えや気持ちを受け入れない「マイナスの考え」となります。

でも、母親の考えや気持ちを受け入れて、「さっき掃除したばっかりだったから、怒っているんだよね。ごめんね」とか「いつもだらしなくしている私のことを気にしてくれているのかも……」などと考えられるようになると、母親の行動や気持ちを受け入れやすくなり、素直に謝ることができるかもしれません。これが、「⑧相手の失敗を許す（他人の考えを受け入れて□）」というレジリエンスを高める方法であると伝えて、理解を促しています。

図表３－16　「⑨不公平を乗り越える」で、子どもが書いたワークシート

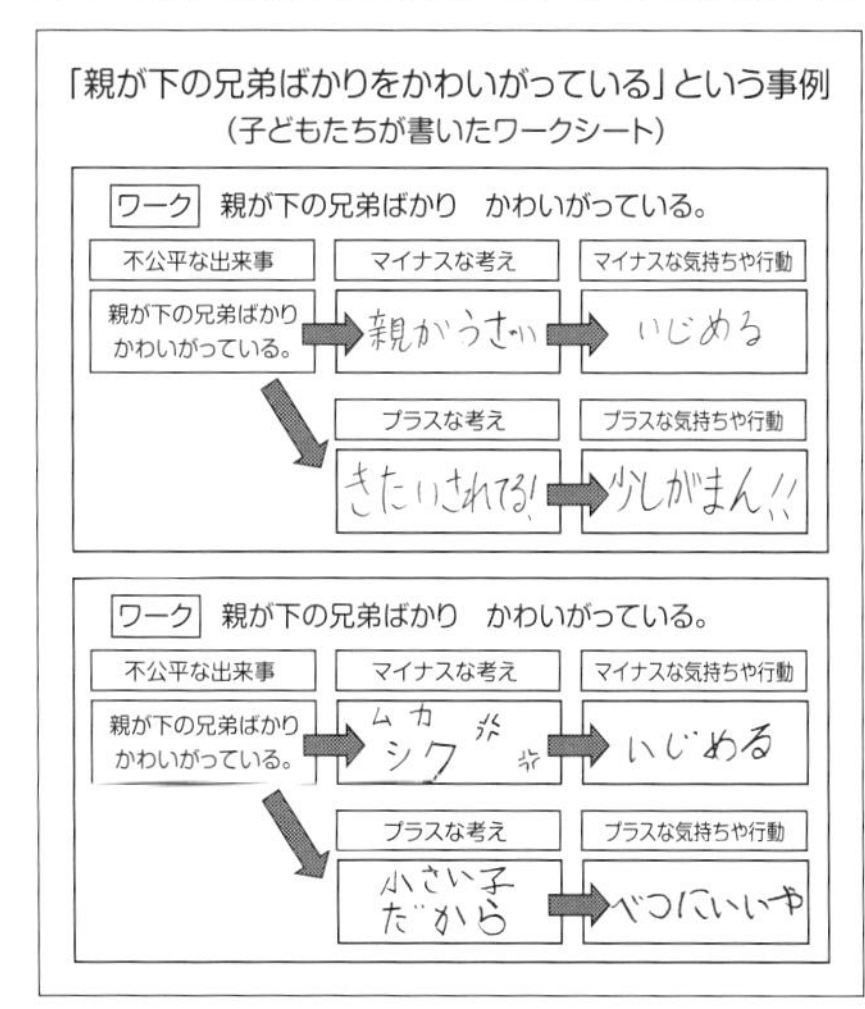

「では、最後の『⑨□を乗り越える』の中に入る言葉は何だと思いますか？　それは『不公平』です。平等が謳われている世の中ですが、残念ながら、世の中にはたくさんの不公平なことがあります。そもそも生まれたときから人間は不公平です。だからこそ、『うまく乗り越えること』、『最悪ではない』、『この世の終わりではない』、『何とか立ち直る』ことが大切なのです」と話して、ワークシートに書かれている「親が下の兄弟ばかりをかわいがっている」という事例を挙げて、みんなに考えてもらいました。

子どもたちは、親の気持ちを受け入れ、不公平を乗り越えられないと「親がうざい」とか「むかつく」などといったマイナスの考えをもってしまい、弟をいじめたり、いじめたくなるかもしれない、と話してくれました。

一方、「期待されているのかな？」とか「小さい子だからな」と親の気持ちが受け入れられると「少しのがまん」という気持ちになったり、「別にいいやー」と流せるといったことを経験している子どももいました。それを聞いて私は、それが「不公平を乗り越えることです」と強調しています。

## レッスン6のまとめ

このプログラムの授業をするたびに思うことですが、具体的な例を挙げて質問をすることで子どもたちの反応が通常の授業よりも活発になります。教科指導においてありがちな答えを求めるといった質問の場合は「○か×」で終わってしまい、子どもたちの心情というものはうかがえません。ここで紹介したように、子どもたちが発するさまざまな意見を聞いていると、知識至上主義という考え方を少し見直す必要があるように思えます。

この授業において、子どもたちが書いた学習感想は次のようなものです。「自分の思ったとおりのことを相手（他人）がしてくれないときや、不公平だと思える出来事が起きても、それを受け入れて、乗り越えることが大切」だという考えについて理解してくれたように思えるのですが、教師の欲目でしょうか。

---

・みんな公平なことはないから、不公平をのりこえようと思った。
・不公平でものりこえていくことが大切だと思った。
・自分の気持ちだけでなく、他人の気持ちも受け入れることが大切なんだと思いました。
・不公平なことをプラスに考えるといいことが分かった。
・不公平ものりこえれば、そのあとにほめられたりいいことがあると信じている。だから、よくばらない！
・不公平ではないが、プラスの考えをすればいいと分かりました。

相手や周りの出来事に対して抱く「怒り」という感情は、相手や周りが自分の思ったとおりのことをしてくれないときや、我慢できない出来事に遭遇したときに現れます。しかし、それは、自分の感情のもち方によって変わってきます。「心の温度計」がレベル5になるための方法をレッスン5で七つ挙げましたが、それは自分の考え方を変えないかぎり根本的な解決には至りません。そういう意味でも、レッスン6で行った二つの「頭を使ったレジリエンス」はとても重要な方法となります。

日常生活で起きるトラブルは、時に自分が一歩退くだけで終わることがあります。退くにしても、相手を受け入れて、その状況を乗り越えられたら、強い心を育てることができます。そして、それでちょうどよいレベル5の気持ちになれるのなら、自分にとっても得となるはずです。

割り切れない、理不尽な出来事は常に起こるものです。その一つ一つに対して感情的になっていたら、損をしてしまうこともあります。損得勘定で考えることはよくない、と一般的にはとらえられていますが、自らの感情に対して損得勘定をもてば、「不公平だ」と反発することもなく、受け入れやすい気持ちになれるものです。このように考えると、不公平に対して敏感になりやすい高学年の子どもたちには、処世術として身につけてほしいレッスンであったと思います。もちろん、時には相手の考えや世の中の不公平さと闘うべきときもありますが……。どのような場合か、みなさんもお分かりですよね。

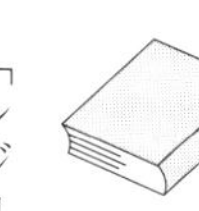

## レッスン7「レジリエンスのある行動をする」

「レジリエンスについてのレッスンを六回行ってきました。レジリエンスやそれを身につける方法についてすべてのことを学び終えました。もう、レジリエンスについては分かりましたよね。でも、まだすべてを身につけたわけではありませんよね。ただ、このレジリエンスの授業を通して、一つでもレジリエンスを発揮できた場面があったらいいのですが、どうですか？」

と、子どもたちに尋ねてみると、半数ほどの子どもが手を挙げてくれました。半数という現実、喜ぶべきか、悲しむべきか、微妙なところです。でも、そんなことで悩んでいる暇はありません。すぐに気持ちを切り替えて、

「今回の学習は、これからの生活のなかでレジリエンスを使っていけるように、これまでの学習の総まとめをします」

と伝えて、今日の「めあて」の確認をしました。

**レッスン7のめあて**

レジリエンスを使った生活を確かめよう。

**レッスン7の学習内容**

・絵本『いいからいいから』からレジリエンスを見つける。
・ちょうどよい気持ちで生活するためには、レジリエンスを意識した生活を実践していく姿勢を育てる。

## レッスン7の授業風景

子どもたちと一緒に、黒板を使いながらレジリエンスについての復習です。

「さて、困難な出来事があると、そこに気持ちが生まれます。気持ちには……『怒り』、『心配』、『こうふん』、『落ち込み』、『めんどくさい』といったものがありましたね。その気持ちのままに行動してしまうと、あまりよくありません。また、気持ちは、感じる強さが人によって違いました。だから、気持ちが生まれたら、『考えを入れて気持ちの強さを心の温度計レベル5にすると、気持ちと行動が変わる』でしたね。でも、どんな考えでもよかったでしょうか？　そうですね、ダメです。『プラスな考え』を入れることが、幸せな気持ちをもてるようにするために必要でしたね」

少し長くなった振り返りですが、ザワザワもせず、子どもたちは頷きながらしっかりと聞いてくれていました。気分をよくした私は、少しトーンを上げて、次のように言って授業をはじめました。

「では、次に挙げる行動は、レジリエンスのあるものなのかどうかを確認しましょう！」

今日は、レジリエンスの考えがある行動を「ぶたの貯金箱」に貯めていくというものです。一〇種類の行動が書かれたワークシートを短冊上に切って、レジリエンスの考えがあると思われる行動を「ぶたの貯金箱」に貼ってもらいました。

・新しいことを学ぶときに間違えても大丈夫です。（レジリエンス）
・成功するためにはつまらないことでもやりましょう。（レジリエンス）
・不公平やいじわるは許せません。（レジリエンスではない）
・友だちが自分をばかにしても、自分の考えを話すのは大事です。（レジリエンス）
・失敗する自分を認めましょう。（レジリエンス）
・仲間外れにされるのはたえられません。（レジリエンスではない）
・世の中で最悪なことは不公平です。（レジリエンスではない）

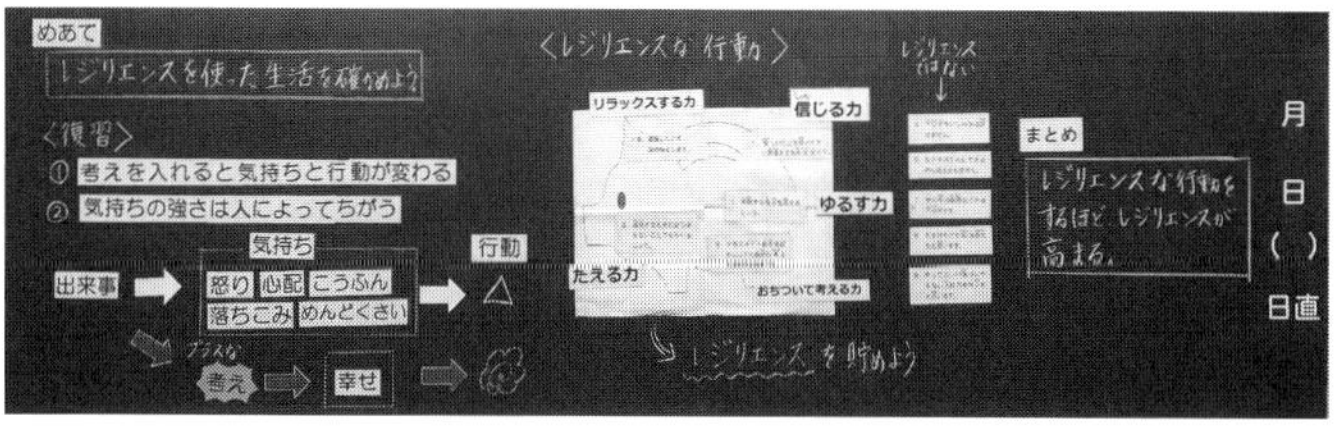

レッスン７の板書

・なまけたとき、私は弱虫だと思います。（レジリエンスではない）
・やってほしい通りにやらない人はだめな人だと思います。（レジリエンスではない）
・緊張したときには深呼吸をします。（レジリエンス）

「レジリエンスがあるということは『落ち着いて考える力』ということだと、学んできましたね。具体的に言うと、『クラスメイトが自分をばかにしても自分の考えを話すのは大事』ですね。でも、レッスン4で行ったレジリエンスの四つの力にもあるように、ほかの言葉で表現できるレジリエンスもあります。『失敗する自分を認めましょう』と『新しいことを学ぶときにまちがえても大丈夫です』は『**許す力・信じる力**』、『成功するために

図表3－17　レッスン7のワークシート「ぶたの貯金箱」

次の行動を切り取ってレジリエンスのある行動を「ぶたの貯金箱」に貼り、レジリエンスな考えを貯めましょう。

| | |
|---|---|
| 新しいことを学ぶときにまちがえても大丈夫です。 | 成功するためにはつまらないことでもやりましょう。 |
| 不公平やいじわるは許せません。 | クラスメイトが自分をばかにしても自分の考えを話すのは大事です。 |
| 失敗する自分を認めましょう。 | 仲間外れにされるのはたえられません。 |
| 世の中で最悪なことは不公平です。 | なまけたとき、私は弱虫だと思います。 |
| やってほしい通りにやらない人はだめな人だと思います。 | 緊張したときは深呼吸をします。 |

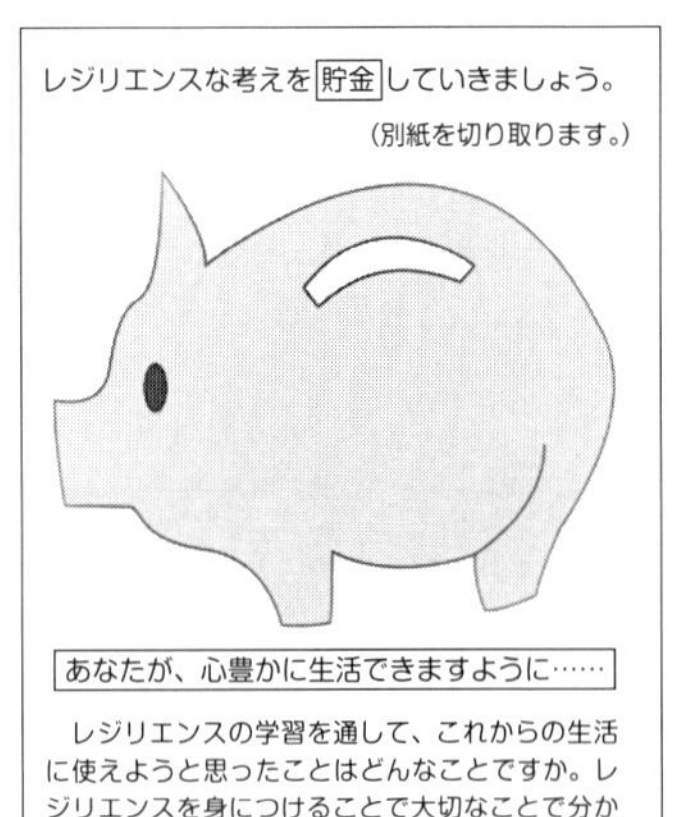

はつまらないことでもやりましょう』は『**たえる力**』、『緊張したときに深呼吸をします』は『**リラックスする力**』です。これなら、少しでもレジリエンスの考えを自分の中に取り入れていけそうですね」

と話したあとは、そんな困難があったとしても乗り越えるために、レジリエンスを高める九つの方法についての確認です。その前に、「レジリエンスの高い、きっとみなさんも知っている人を紹介したいと思います」と言って、絵本『いいからいいから』（一〇四ページ参照）の読み聞かせをはじめました。

子どもたちはというと、「たしかに〜」と笑いながら聞いていました。子どもたちが知っているお話だと、やはり反応が違います。みなさんも、普段から子どもたちの言動や行動に注意して、みんなが興味をもっている本や出来事などをチェックし、それらが活用できるような内容であれば是非授業に取り入れていただきたいです。本書で紹介しているものがすべてではありません。重要なのは、みなさんの創造力です！

さて、この絵本の内容はというと、どんな困難な状況になっても、おおらかな態度でいるおじいさんのお話です。このおじいさん、まさにレジリエンスの塊です。まだ読まれていないという人には、是非読んでいただきたい本です（あくまでも参考として）。

読み聞かせが終わったあと、「では、九つの方法を確認していきましょう！」と言って、九つ

図表３－18　レッスン７のワークシート「レジリエンスを今後の生活で使おう」

**レッスン7**　レジリエンスを今後の生活で使おう

名前（　　　　　　　　　　　　）

四角の中に1から９までの数字を好きな場所に書き入れましょう。

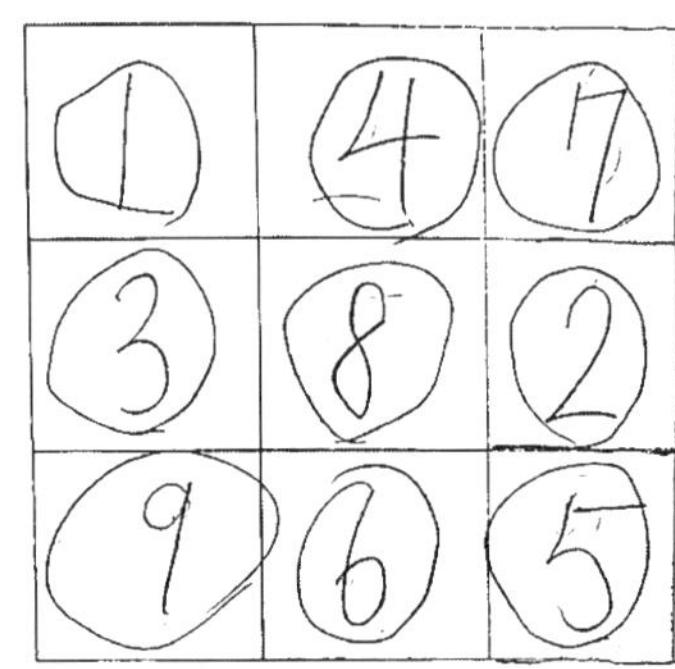


復習 レジリエンスを高める方法とは…

① 自分の気持ちに気付く
② 今よりも悪くならないようにする。
③ 自分を受け入れ「このままでいいよ」とひとをゆるす
④ 5－3－5で呼吸法する。
⑤ 人に話す
⑥ 運動をする。
⑦ 他人の失敗を許す。
⑧ 不公平を乗りこえる。
⑨ そこからはなれる他のことをやってみる。

の枠が書かれたワークシートを配布しました。そして、九つの枠の中に１～９の数字を書いてもらい、ビンゴゲームをすることにしました。これまでの授業のなかで、レジリエンスを高めるための九つ方法について学習してきたことを確認するための活動です。単に確認してもらっても面白くないので、ゲームの要素を加えることにしたわけです。

最初は、私が一人の子どもを指名して「何番がいい？」と尋ね、その子どもが「③がいい」と答えれば、「レジリエンスを身につける方法の③は何でしたっけ？」と質問し、それに答えられたら③の枠はチェックできるという仕組みです。

しかし、残念ながら、最初に指名した子どもが外してしまったので、③に○を付けることはできませんでした。ビンゴにしようと、子どもたちは必死に思い出そうとしていました。

次は、最初に指名した子どもにほかの子どもを指名してもらい、さっきと同じように質問をしてもらいました。指名された子どもが「⑧にする」と答え、「⑧の方法は、他人の失敗を許す」と答えたので、クラスのみんなも⑧に○を付けることができました。

このようにして、①～⑨のすべての方法を確認していくことで、改めて九つの方法があったことを思い出してもらうことができます。そして最後に、お互いにどんなレジリエンスの方法を使ってみたのかについてグループで話し合ってもらい、実際にやったことがある方法には◎を付けてもらいました。

## ◉レッスン7のまとめ

毎回最後に書いてもらっている授業に対する学習感想ですが、ここでは少したくさん紹介しましょう。その理由は、子どもたちの成長ぶりをみなさんにも知って欲しいからです。じっくりと読んでみてください。

---

・レジリエンスを身につけると、どんな出来事でも冷静にはんだんすることが出来て、とてもレジリエンスは大切だと思った。
・いらいらしてても、八つ当たりをしない。自分がいやでも相手の気持ちを受け入れること。
・けんかをしたままそのまま悪くなると一言も話せなくなるかもしれないので、これからもレジリエンスをして貯金していきたいと思います。
・この学習でこれから自分の気持ちに対してどうすればよいか分かった。これからはレジリエンスをよくしたり、気持ちを変えたりして心豊かになりたいです。
・いやなことがあっても、考えを変えれば行動も変えられることが分かった。５－３－５呼吸法や運動することを試しにやってみようと思った。
・いつも弟が悪いのに怒られるけど、不公平を受け入れるようにする。

・弟にすぐに怒ってしまうけど、深呼吸をしてリラックスしようと思いました。レジリエンスは大切だと思った。
・自分の好きなことを探して、落ち着くことが大事なんだと思った。
・私は人から言われた言葉の意味を考えすぎてしまうから、リフレーミングをして心を落ち着かせようと思った。
・他人の失敗を許すと人に話すが自分のなかで大切だと思うから、これからもやってみたい。
・これからも気持ちが上がりすぎないように、リラックスするように気を付ける。
・レジリエンスが身につけば、困難を乗り越えられる気がした。

---

いかがですか、「リフレーミング」という難しい言葉で表現している子どももいます。リフレーミングとは、物事を見る枠組み（フレーム）を変えて違う視点でとらえ、ポジティブに解釈できる状態になること、といった意味です。まさしくレジリエンスです。

ここに紹介したように、レジリエンスを身につける意義について、よく理解している感想を多くの子どもたちが書いていました。教師として冥利に尽きます。授業中でなければ、このようなうれしさを大爆発させたいところですが、その喜びを隠して、次のように言ってこの日の授業をまとめました。

「自分で実際にやってみることで、レジリエンスは身につくものです。ですから、これからもやり続けて、レジリエンスの考えがある行動を、この『ぶたの貯金箱』にたくさん貯めていきましょう！」

今回のレッスンで子どもたちに伝えたことは、社会を生きていくなかにおいて困難に出合ったとき、それを乗り越えていくために、レジリエンスを知っているだけではなく実際に活用して欲しいということです。

もちろん、呼吸を整えたり、身体を動かしてリフレッシュすることで、一時的にその困難な場面から物理的に離れるという対処法は決して悪いことではありません。私としては、さらに考えて、レジリエンスをパワーアップさせていくことで、より強い気持ちが育てられるのではないかと思っています。

「気のもちよう」という言葉で乗り越えるのではなく、思考の働かせ方そのものを鍛えることがとても有効であると、子どもたちに感じてもらいたいです。そして、私自身もそうあるように努めていこうと思った次第です。

世間で言われる以上に、教師という仕事は大変なのです！

## レッスン８「レジリエンスを使った生活をする」

「前回のレッスンでは総まとめをして、すべてのレジリエンスの学習をしましたので、今回で修了です」と伝えて、今日の「めあて」の確認をしました。

**レッスン８のめあて**

レジリエンスを使った生活をしていこう。

**レッスン８の学習内容**

・絵本『フレデリック』からレジリエンスを見つける。
・困難な出来事があったときのレジリエンスの仕方について再確認する。
・レジリエンスが高まった人について伝え合う。

### レッスン８の授業風景

「今日は、絵本『フレデリック』（一一四ページ参照）からレジリエンスを探してみましょう」

と話し、読み聞かせをはじめました。それにしてもこの絵本、邦訳紹介されたのが一九六九年ですから、かなりのロングセラーとなっています。まさしく、本がもっている力を証明してくれています。みなさんも、一度は読み聞かせをされたのではないでしょうか。念のために、簡単に内容を紹介しておきましょう。

ある牧場で、冬に備えて木の実などを蓄えていた野ネズミたちの話です。五匹の野ネズミたちは必至に働いているにもかかわらず、フレデリックだけは長い冬に備えて陽の光を集めたり、色を集めていたり、話が尽きないように言葉を集めていました。

冬支度には関係のないことをしているフレデリックに不満をもっていた野ネズミたちでしたが、長い冬のなか、彼らを救ったのはフレデリックだ

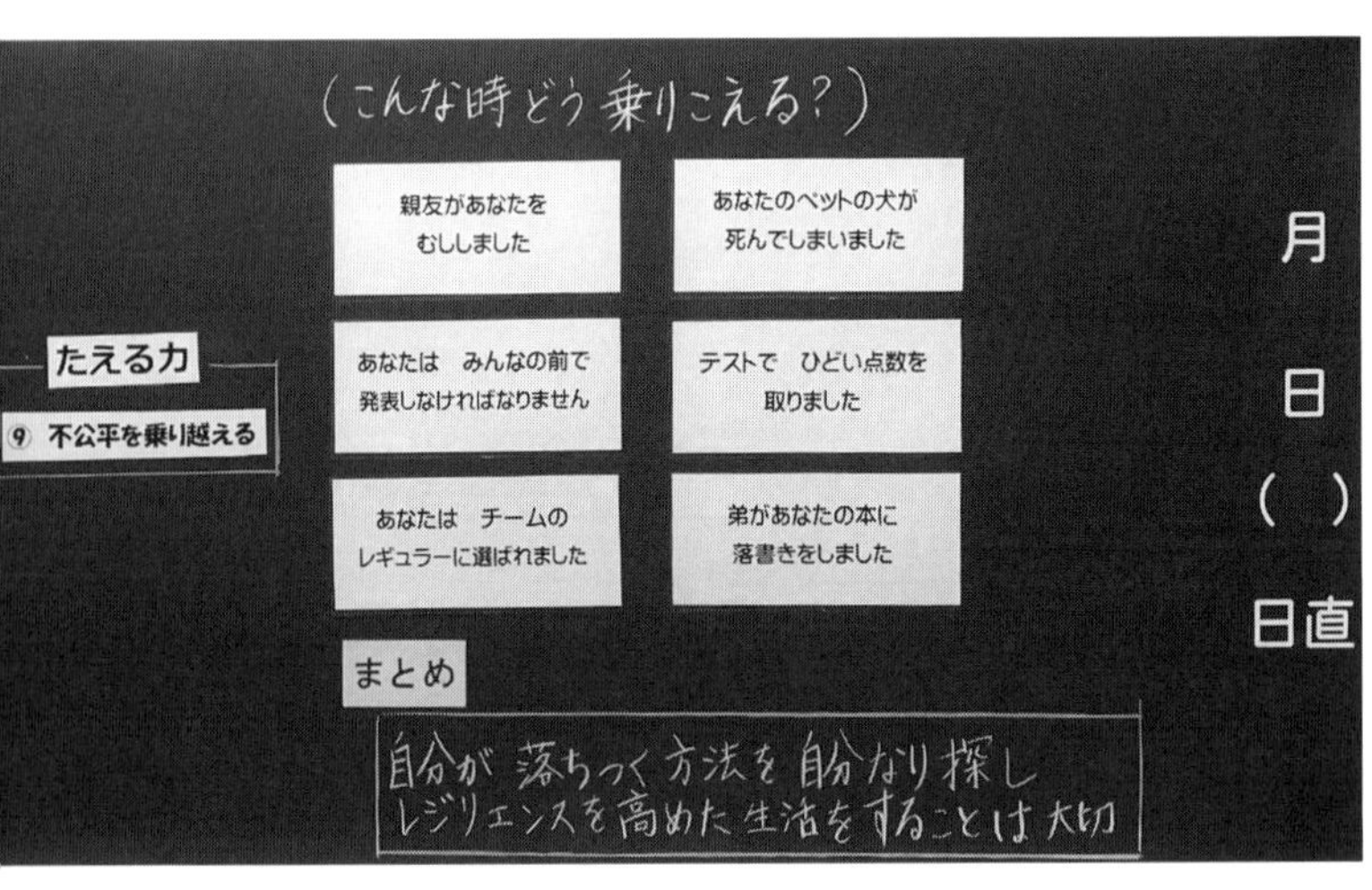

ったというお話です。

　読み聞かせを終えたあと、「フレデリックにはどんなレジリエンスがあったのでしょうか？」と尋ねると、子どもたちが一斉に手を挙げました。その様子、想像してみてください。ＹＣＤＩレジリエンスプログラムを修了するというこの日、プログラムをはじめる前は「どれだけ成果が出るのか」と不安だった私ですが、「しっかり伝わっている」と、とても嬉しくなった瞬間でした。

　回答のなかから三つを紹介しましょう。

「意味のないことをして不満に思われていても、自分が考えたことをやったこと」

「仲間が自分をばかにしても怒らなかったこと、許してあげたこと」

「自分をばかにした仲間たちを許して、お話をしてあげたこと」

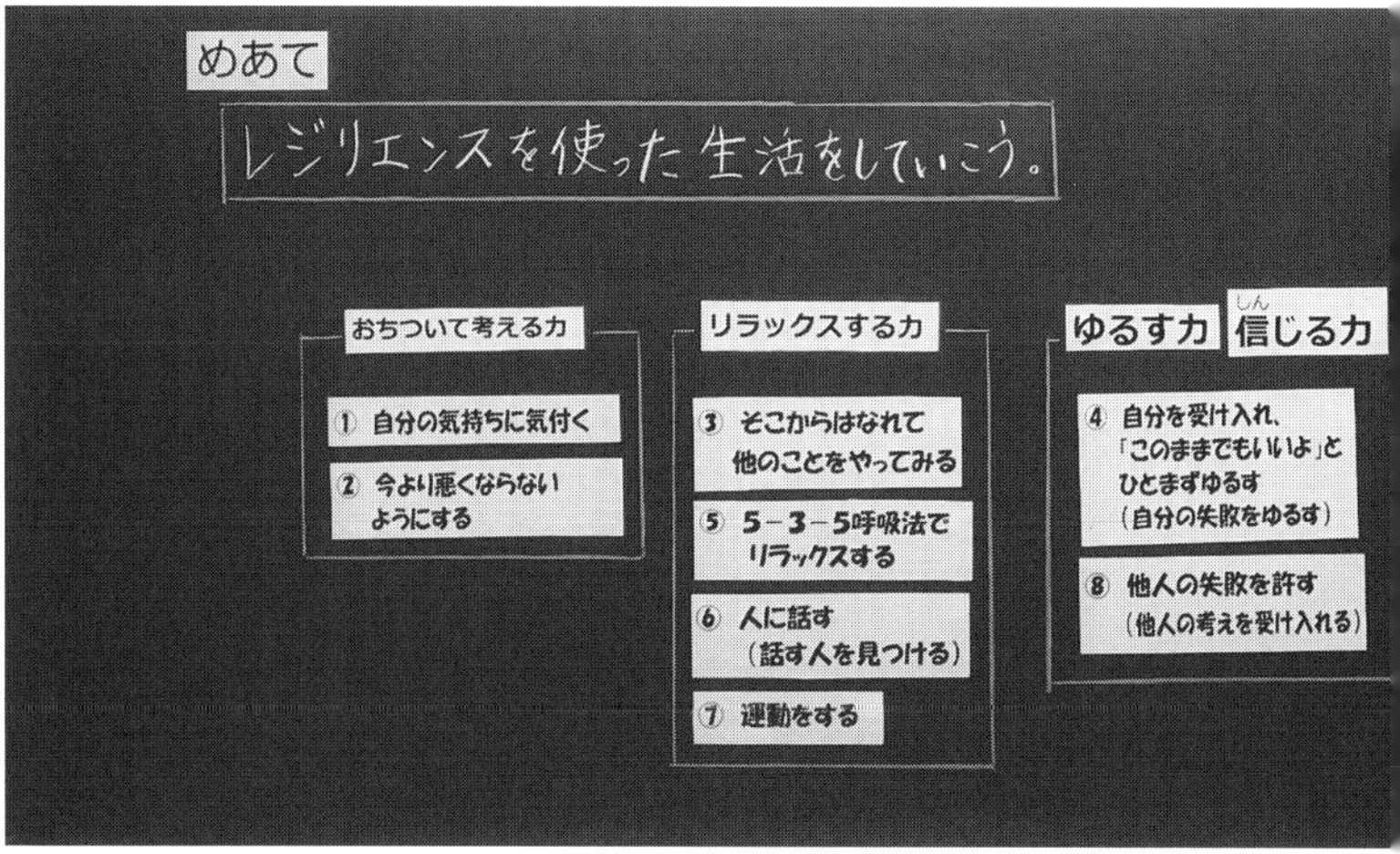

レッスン８の板書

「レジリエンスとは、『落ち着いて考える力』、『ゆする力』、『信じる力』、『たえる力』、『リラックスする力』のことでしたね。フレデリックには、そんな力がありそうだと考えられますね」と話し、この五つの力を高めるための九つの方法について、四つのグループに分かれてまとめてもらうことにしました。子どもたちが書き出した内容は次のとおりです。

**「落ち着いて考える力」**……①自分の気持ちに気付くこと。
②今より悪くならないようにすること。
**「許す力」と「信じる力」**……④自分を受け入れ、「このままでもいいよ」とひとまず許す（自分の失敗を許す）。
⑧相手の失敗を許す（相手の行動や考えを受け入れる）。
**「たえる力」**……⑨不公平を乗り越える。
**「リラックスする力」**……③そこから離れてほかのことをやってみること。
⑤5－3－5呼吸法でリラックスすること。
⑥人に話すこと。
⑦運動すること。

これを見るだけでも、レジリエンスについて理解していることが分かります。それではと、身近な出来事を例に挙げて考えてもらうことにしました。

「では、次のような出来事があったとき、どのような考えと行動をとればレジリエンスが高いと言えるでしょうか？　場面ごとに考えてみましょう」

❶親友があなたを無視しました。
❷あなたのペットである犬が死んでしまいました。
❸あなたは、みんなの前で発表しなければならなくなりました。
❹テストでひどい点数を取りました。
❺あなたはチームのレギュラーに選ばれました。
❻弟があなたの本に落書きをしました。

それぞれについて同じくグループで話し合ってもらい、それぞれ考えを出してもらいました。そのすべてを紹介することはできませんが、項目ごとに代表的なものを紹介しておきましょう。

❶親友が無視してきたら、何か嫌なことがあったのだろうなと、友達がよくない行動をしていても、信じて許してあげる。

❷ペットが死んでしまったら、悲しくて仕方がないけど、いつまでも悲しんでいたらよくないから、元気を出すために好きなことをして過ごして、悲しいことを忘れようとする。でも、忘れちゃうのは嫌だから、家族と楽しかったときのことをたくさん話す。
❸みんなの前で発表する前に、深呼吸をして気持ちを落ち着ける。
❹テストでひどい点をとってしまった自分をあまり責めずに、次こそがんばろうと励ます。
❺チームのレギュラーに選ばれてすごくうれしいけど、選ばれなかった友達のことも考えて、あまり騒がないようにする。
❻弟が落書きしてきたら頭にくるけど、まだ小さいから怒っても仕方がないと思ってあきらめる。

これらの回答を見ると、すでにレジリエンスをマスターしたように見受けられます。とはいえ、大人もそうであるように、分かったからと言ってすべてのことを完璧に行えるものではありません。常に意識していないと、その時々の場面において感情のほうが勝るというのが人間です。そう考えると、やはり振り返りが重要となります。そこで、次のように私は投げかけました。

「今日までに、『落ち着いて考えた』、『許した』、『信じた』、『たえた』、『リラックスした』という経験はありますか？　もし一回でもあれば、レジリエンスができたということです。これまでの経験について、周りの人と話してみましょう！」

つまり、自分がとった行動がレジリエンスをふまえているかどうかを確認するために、友達同士で話し合ってみるという時間を設けたわけです。

「弟に宿題ノートに落書きされたけど、怒らなかった」
「友達とケンカしていたけど、許してあげた」
「水泳の検定で受からないかもと思っていたけど、リラックスしてのぞんだら合格した」

このような話が出てきたわけですが、もしかすると、これらのことはこのプログラムを受ける前からやっていたようなことかもしれません。しかし、それをレジリエンスだとは意識していなかったのです。

「落ち着く」だとか「平常心を保つ」といったことは、大人になれば経験則で分かってくることが多々ありますが、子ども時代からそうだったわけではありません。だからこそ、授業を通して意識してもらい、生活に活かしていくことができれば、自分の気持ちが落ち着いていく様子も自覚できますし、楽な気持ちで日常を過ごすことができるかもしれません。それゆえ、発表してくれた子どもの実践すべてに対して、みんなで拍手を送り合いました。

## ◉レッスン８のまとめ

約二か月にわたってレジリエンスの授業を実践してきたわけですが、授業前に比べると、子どもたちは穏やかな雰囲気になったような気がします。授業中や学校生活のなかでトラブルに見舞われたときに、レジリエンスの用語を使って話し合うほか、心の状態について問いながら冷静に話し合えるようになったようです。そのおかげで、私も楽な気持ちで生活指導ができるようになりました。

そんなプライベートなことはさておき、私が一番うれしかったのは、学んだことを活かそうとする子どもたちの姿です。本当に素直で、素敵だなーと思いました。

もし、レジリエンスをふまえた授業がすべての教科においてできれば、毎日、今回と同じ感動が得られます。それができるのかどうか、すべては教師次第となります。自戒も含めて言いますが、ＹＣＤＩレジリエンスプログラムの実践をみなさんにお願いしたい、と思うばかりです。

授業の最後、子どもたちに話した言葉で本章を終わらせていただきます。

「これから、誰かや何かにいらついて八つ当たりをしたり、何かに失敗して落ち込んだり、友達とケンカをしたり、人前で発表することになって異常なほどの緊張感になったりと、さまざまな困難と出合うでしょう。そうなったときでも、今回学んだ方法を使ってレジリエンスの高い人にさえなっていれば大抵のことは乗り越えられます。自分が落ち着く方法を自分なりに探して、しっかり心を落ち着ける方法を見つけて、レジリエンスをさらに高める生活をしていくようにしましょうね。これこそが、あなた方の、人生における本当の宿題ですよ」

# 第4章

# 世界でレジリエンスを実践する先生方へ

## ——マイケル・E・バーナード先生からのメッセージ

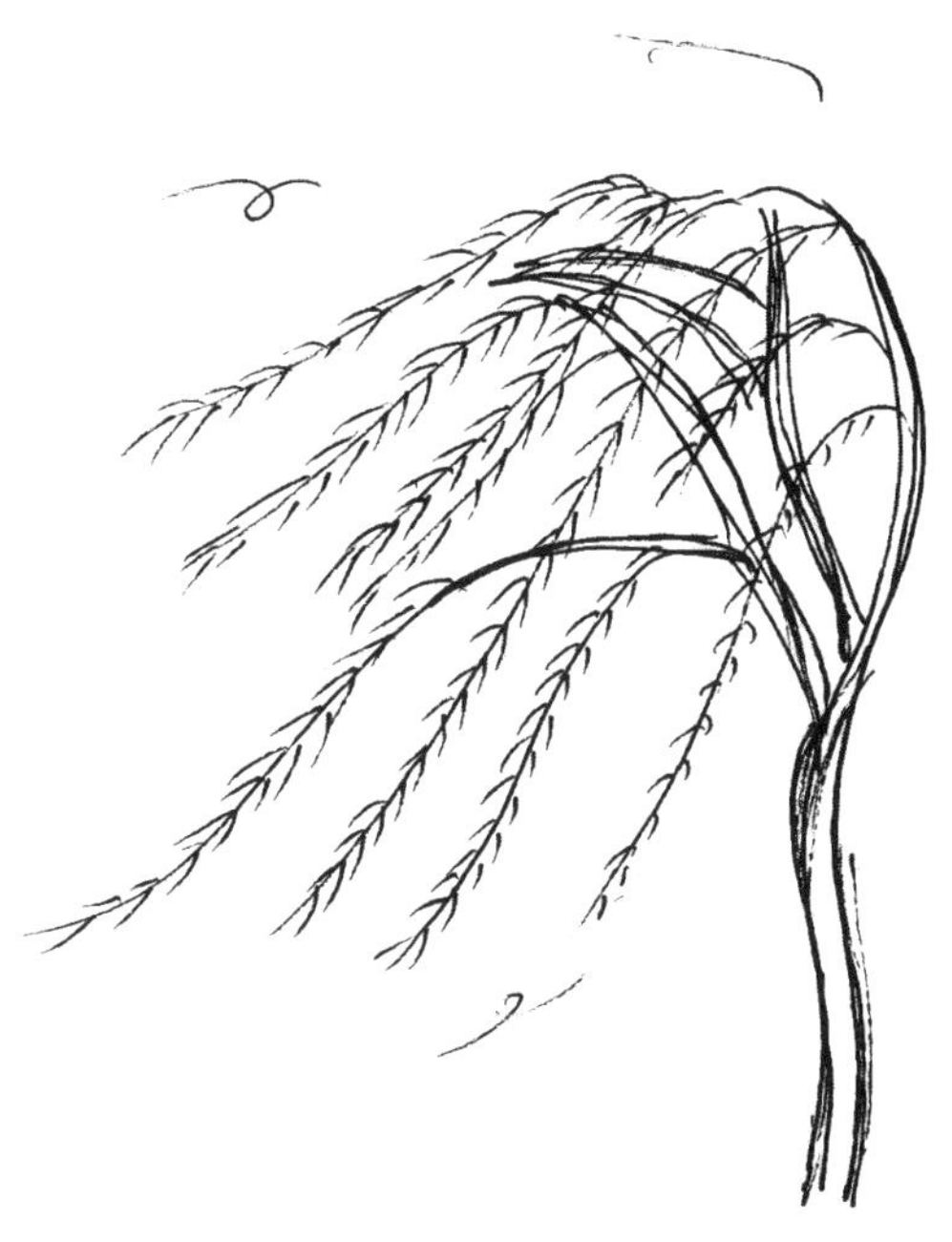

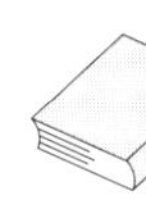

# レジリエンスの指導者がレジリエンスで新学期をはじめる11の方法

レジリエンスが、人生のすべての問題に対して落ち着きを取り戻し、対応するために十分でないことは分かっています。レジリエンス力は、その人のさまざまな理由によって、強いときもあれば弱いときもあります。しかし、高いレベルのレジリエンスであれば、ストレスから私たちを守ってくれます。そして、素晴らしいことに、レジリエンスは鍛えることができるのです。

クラスのなかにいる乱暴な生徒、気難しい親、一定の期間に行う仕事量やプレッシャー、同僚との人間関係、仕事に対する評価、自分に対しての無理な期待と仕事における突然の大きな変化に直面したとき、レジリエンスがストレスを防ぐのに役立つのです。問題をより良く解決し、スマートで、前向きで、効果のある方法を選択することができます。

学校の壁に掲げられている「レジリエンス・プレート」

ここでは、私が長年かけて学んだ、レジリエンス力を高め、ストレスに対処する方法を簡単に紹介します。仕事と私生活において、成功するために経験のなかで学んだ、私自身のためのリストです。これらは、教育現場だけでなく、多くの人にとっても有効な方法となるでしょう。

## 1　人間関係

一番は、何といっても人間関係です。一緒に働く仲間を育てることは不可欠です。助けを必要とするときには、すぐに依頼することが大切となります。ただ、助けを求めるときには適切な人を選びましょう。

チームとして問題を解決すること、そしてお互いの共感がとても重要です。その人が何を感じ、どのような状況を見て、どのような経験しているのかを、その人自身の視点で見て、その人の生き方を通して理解するのです。私の場合、相手のポジティブな部分に気付き、それを認めるという形で人間関係が豊かになるということを実感しました。

**例**――「人の話をしっかり聞いているあなたの姿が好きです」

## 2　自分自身にプライドをもちましょう

成功したことに対してはプライドをもちましょう。自らの存在や、あなたが達成したことに誇りをもちましょう。また、あなたが高く評価し、誇りにしている知性、専門的スキル、人格、家族、文化、宗教などを大切にしてください。

これらの個人的な「強み」を、常に心の中にもちましょう。そうすれば、気分の悪いときや、ストレスの多い状況で困り果てたときなどに感じる否定的な考え方をプラスの考え方に変える際に役立ちます。私の場合、素晴らしい妻と子どもたち、人とつながるためのユーモアのセンス、そして自らの仕事に対する努力の過程を思い起こしています。

### 3　自分を受け入れましょう

問題が起きた場合は、考えすぎないようにしましょう。悪いことが起こったときに、自分の価値と人としての価値についてどのように考えるのかは、自分自身で決められるのです。間違えるという行為はごく普通のことです。悪い出来事だからといって、自分を否定的に考える必要はありません。

また、自分に期待することは、自らの能力の範囲内にしましょう。完璧でなければならないといった「決まり」はありません。大切なのは、「仕事での失敗」と「人としての失敗」を区別することです。仕事の結果は、あなたのすべてではないのです。人から認められるというのは誰しもが望むことですが、実際には、誰からも認められる必要はないのです。このことを覚えておいてください。いいですか、他人の承認がなくても生きていけるのです。

## 4　悪い出来事に出合ったとしても、それ以上悪くしない

悪い出来事に出合ったとき、それ以上悪くならないような練習をしましょう。否定的なことが起きると、誰しも「もう、だめかもしれない……」と思うものですが、そうなるとストレスレベルが急上昇します。このような状況の場合、「大事件スケール」でそのレベルを見るといいでしょう。

スケールの一番上にあるのは、本当に恐ろしく、ひどい壊滅的な出来事です。たとえば、戦争、自然災害、愛する人の死などです。これらの下位に、あなたが言うところの「非常に悪い出来事」があります。たとえば、あなたの家が火事に遭い、仕事を失ってしまうというケースです。さらにスケールを下げると、単に「悪い」出来事となります。たとえば、他人からの批判、未解決となっている問題、コンピューターのクラッシュなどが挙げられます。最後、スケールの一番下には「ちょっと残念な出来事」があります。この場合の例としては、シャツにコーヒーをこぼしてしまった、約束の時間に遅れてしまった、などが挙げられます。

困難でやりがいのない出来事に直面したときは、「どのくらい悪いのか」と自分自身に尋ねてみてください。

## 5　感情のレベルをチェックする

自らの感情レベルのチェックを継続的に行ってください。レジリエンスの鍵は、ストレスに満ちた出来事に直面したときに、自らの感情に気付くことです。私たちの感情は、「心の温度計」（六一ページ参照）を使えば、低いものから高いものまで測ることができます。

私の場合、ネガティブな出来事が起こったときには、自らの感情を中間の強さに保つように努めています。不安や落ち込み、怒りなど、感情の度合いが高くなると正しい判断ができなくなると分かっているからです。

## 6　時間を管理しましょう

時間管理もレジリエンスのなかに含まれています。毎日、または一週間のタイムテーブルで予定を組むなど、やるべきことの優先順位を決めます。何といっても、ワークライフバランスが大切です。

家に帰ったら、しばらくの間は仕事の問題や課題について考えるのをやめましょう。もし、突然仕事の依頼が舞い込んだとしても、丁寧に「ノー」と言うことです。そうすれば、自分のスケジュールは守れます。

## ７　マインドフルネスであること

マインドフルネスとは、その瞬間に起こっていることに注意を向けるという方法です。いつ、何に注意を向けるのかを自分で決めれば、現実を変えることができます。だから私は、誰かが話しているときには注意深く耳を傾けるなど、周りで起こっていることに集中します。自らの呼吸ペースを認識し、それを使ってリラックスし、邪魔になることや気を散らすといった考えから注意をそらしています。

## ８　楽観的であること

楽観主義は成功を呼び込みます。あなたが前向きでさえいれば、よいモノやよい人があなたに近づいてきます。好ましくない出来事を楽観的に解釈するか悲観的に解釈するかは、自分で決められるのです。もし、否定的に自問自答していることに気付いたら、楽観的な自分との会話において反論してください。成長するという考え方は楽観主義と自信につながります。解決しない問題や困難に直面したときは、「今は無理なだけだ」と楽観的に考えるようにしてください。

## ９　根性をもつ

グリット（Grit・根性）は大切です。教育現場では、若手教師の才能を開花させ、彼らがベストを尽くせるように、あなた自身が意欲をもち続けてください。教育関係に従事している人は、みんな情熱をもっているはずです。その情熱を忘れないことが一番大切です。

学校や日常生活のなかで「泥んこ」や「水たまり」に直面したときにこそ私たちは、より大きな力、忍耐力、挫折に耐える力が見いだせます。そして、それを乗り越えていくこともできるはずです。

## 10　運動をする

あなたが常に運動をしている人なら、その重要性については分かっているでしょう。まだ運動をしていない人の場合は、散歩のような簡単なことからはじめてください。仮に「時間がない」という場合でも、運動を最優先事項の一つにしてください。運動は、ストレス解消にとても効果があります。仕事の前か後に、時間を決めて行ってください。

## 11　問題解決に優れた人になる

私は、ネガティブな人や課題・困難に直面したときには、落ち着くこと、冷静さを保つことが必要であると知っています。また、今ある問題を解決するためにはどうすればよいのかと考える時間も大切にしています。私が行っているステップは次のようなものです。

❶何が問題なのかを明確にします。

❷自信をもって問題を解決するためのさまざまな方法を検討し、もっとも肯定的で、確率の高い方法を選びます。

❸必要であれば、チームの内外から助けを求めます。

❹自分が選んだ解決策がうまくいくかどうか、何度も確認しています。

❺それでもダメで、まだ問題がある場合には次の案を試して、うまくいく方法を探します。

❻最後に、できるかぎり「静寂な祈り」を実践するようにしています。変えられないものを受け入れる「落ち着き」と変えられるものを変えるための「勇気」、そして、その違いを知る「知恵」を私に与えてください、と祈っています。

ＹＣＤＩ教育プログラムでは、ｅラーニングプログラムの「The Resilient Educator」をリリースしたばかりです。これまで一万人以上の先生方に開催してきた対面式ワークショップをベースにしたｅラーニングプログラムですので参考にしてください。なお、詳細については、enquiries@youcandoiteducation.com.au までお問い合わせください。電話の場合は、「+61 3 9415 8327」におかけください［参考文献4］。

＊＊＊＊＊＊

以上を読まれてお分かりのように、子どもたちだけでなく、教師自身がレジリエンスを身につけて、高めながら子どもたちに授業をしていくことをバーナード先生は提案されています。

私は、バーナード先生がつくられたＹＣＤＩレジリエンスプログラムに出合ったあと、三か月をかけて翻訳をしました。その間の日々はとても幸せな気分でした。つまり、毎日が、レジリエンス体験をしたという貴重な時間だったわけです。それゆえ、みなさんにもレジリエンス体験をおすすめしたいです。

## エピローグ

本書で紹介した実践は、すべての学童期に必要な力となるわけですが、発達段階に合わせた指導内容にすることがやはり重要となります。現在、小学校一・二年生用のＹＣＤＩレジリエンスプログラムの翻訳・研究実践もはじめています。その一部を紹介しておきましょう。

### ◉小学校一、二年生に対するＹＣＤＩレジリエンスレッスン

レッスン1は「気持ち」の理解です。日本の子どもたちにとって重要なのは、「怒ったり、悲しんだり、心配しているときの気持ちを表すこと」です。気持ちを素直に表し、相手に伝えることが大変重要なのです。まずは、気持ちを表すことを学びます。

レッスン2は「二つの気持ちの強さ」の理解です。「気持ちを表す表情には程度の違いがある」ことを理解してもらいます。

レッスン3では、レジリエンスなキャラクターと傷つきやすいキャラクターの行動の違いから、レジリエンスな例とそうでない例を知ってもらいます。具体的に行動の違いを例として挙げて、双方の例を学びます。

レッスン4では、レジリエンスをさらに高めるためにやるべきことについて学んでいきます。リラックスする方法、楽しいことを見つける方法、大人に話をして落ち着けるといった練習を行います。現在のところ、日本では中学年と高学年が一緒なっていますが、年齢に合わせた活動が提案されています。

そして、レッスン5ではレジリエンスな考えについて学び、最後のレッスン6は復習となります。［参考文献2］

## ◉小学校六年生に対するYCDIレジリエンスレッスン

卒業期を迎える六年生が抱える希望と不安といえば、中学校という未知の世界に対するものとなります。さらに、中学受験を予定している子どもたちは、「進路」という不安まで抱えて過ごす一年となります。この一年間を生き生きと過ごすためにも、レジリエンスのレッスンが大変有効となります。

本書でも紹介しました「日本語版のレジリエンス実践」は「小学生のためのレジリエンス指導者ガイド」を使用したものですが、日本では、これで小学生の中学年から高学年の子どもたちへの使用が可能であると考えました。一方、オーストラリアでは、幼稚園からから高校卒業までの一八年もの間、年間に八か月もＳＥＬ（社会的感情コントロールの学習）に基づく予防教育プログラムの学習が必修となっています。つまり、小学校の高学年用と中学年用は別になっているわけです。

ご存じのように、日本にはまだこのカリキュラムがありません。すべての学年が初めてYCDIレジリエンスプログラムを学習することになりますので、中学年バージョンを高学年に使うほうが理解しやすく、なじみやすいのではないかと考えて翻訳をしたわけです。

レッスンの「目標」と「内容」は中学年・高学年ともに同じですが、六年生で体験するであろう特別な出来事を視野に入れた内容となっています。

レッスン1の「目標」は「気持ちについて学ぼう」となっていますが、全校のリーダーである六年生の場合、自分の気持ちを理解するところから学習をスタートさせることが大変重要となります。期待されるリーダーとしての自信と、不安に揺れる自分の気持ちを理解して、行動することが大切なのです。

レッスン2は、「考え、気持ち、行動の違いについて学びましょう」として、以下のことが挙げられています。

❶子どもたちにありそうな出来事でひどく怒ったり、落ち込んだり、心配したりする気持ちを分かるようになりましょう。

❷自分に否定的な人や、出来事に出合ったときの気持ちの強さのレベルが分かるようになりましょう。
❸否定的な出来事に出合ったときの気持ちの強さには段階があることを分かりましょう。
❹考え方によって違う気持ちになってくることを分かりましょう。

思春期に入っている子どもたちは、同時に感じやすい年齢でもあります。第二次成長期でもあり、第二次性徴期でもあるこの時期、ホルモンによる体形変化や身体の丸みといった違いが出てきます。自分自身の身体の変化や心の変化を感じながらの自己理解が重要となります。それをふまえて、レッスン3は「賢いレジリエンス」となります。

❶動揺することは普通であり、健康的なことですが、熱くなりすぎると解決するのが難しくなることを知りましょう。
❷レジリエンスとは何かを分かるようになりましょう。また、レジリエンスの例を分かるようになりましょう。
❸レジリエンスでないことは何なのか、伝えられるようになりましょう。
❹レジリエンスであることはなぜよいのかということを伝えられるようになりましょう。

遭遇する出来事は常に世界の大事件だ、と考えてしまうのは子どもたちだけではありません。そんな気持ちを落ち着かせてくれるのが、このレッスンです。「大事件スケール」における「レベル100」は、まぎれもなく世界の一大事を指しています。それと対比する形で目の前に起きている出来事と見ると、落ち着くことができます。

このレッスンでは、はっと目を覚まさせてくれる画期的な「大事件スケール」を使います。さらに悪い出来事にもレベルがあることを理解してもらうわけです。

レッスン4は、「レジリエンスを高める練習をしましょう」です。ここでは、否定的な出来事があっても、リラックスすれば怒りを抑えられ、落ち着けることが分かるようになります。緊張をほぐし、リラックスするためのスキルとしての「5－3－5呼吸法」を使います。とくに、この年代の子どもたちには身につけてほしいスキルです。

受験という未知の体験をする子どもたちもいます。試験前には大変緊張していることでしょう。受験当日こそ、大いにこのスキルを使って自分らしく堂々と取り組んでほしいものです。そして、困ったときには、我慢しすぎないで相談をしましょう。人と話すことで落ち着けます。つらいことを我慢しないで、相談できる人や聞いてもらえる人をあらかじめ用意しておくことが大切となります。学校での悩み、中学校という新しい社会への不安について相談できる人を事前に考えておくということです。

さらに、このレッスンでは運動の大切さを学びます。困った出来事が起きたときには、身体を動かし、運動することで気分が変わり、気持ちの回復ができることを学びます。また、失敗してしまった自分を「まっ、いいか」と許し、批判や拒否されたときにも自分の気持ちを平静に保つことを学びます。

レッスン5は、「あなたの頭を使いましょう」です。怒りをコントロールし、自分の気持ちを回復するために、ほかの人の考えや行動を許す気持ちになりましょう、ということです。「不公平な考えだから許すことはできない」から「不公平な考えだが許すことができる」という前向きな考えに変えることを学びます。

子どもたちに、「不公平だなと感じる出来事はある？」と尋ねると、「不公平なことだらけだよ」と言います。とはいえ、大人よりは子どものほうが柔軟に考えられるものです。ちなみに、大人の場合、一度「不公平に扱われたな」と感じたら、心の中に長く傷として残り、不公平に扱った人を許せないという気持ちになりがちです。

このレッスンは、大人よりも子どものほうが柔軟に対応していきます。とはいえ、受験を考えている子どもにとっては、一生懸命勉強をしても、「合否」という人生で最初の大きな不公平さに遭遇する時期ともなります。精いっぱい頑張ったら、「合否」に関係なく前向きに生きてほしいものです。

レッスン6は、「忘れないように続けてやっていきましょう」です。小学校を卒業するまでに、一度はこのプログラムを振り返り、レジリエンスの引き出し方、使い方を学ぶ機会に出合ってほしいと強く願っています。〔参考文献12〕

## ◉保護者にレジリエンスをどのように伝えるか――何をすべきか、そして何をすべきでないか

学校で子どもたちにレジリエンスを高めるための指導を行ったからといって、その力が養われるわけではありません。言うまでもなく、子どもたちの学校生活は全体からすれば一部でしかありません。それぞれの家庭においてはどうなのか、これが重要となります。保護者の方にも子どもの心を守ろうとする意識をもっていただかないと、子どもたちのレジリエンスは高まりません。

第2章で紹介しましたように、私は毎回の授業において、授業内容が書かれたワークシートを家に持って帰ってもらい、「お母さんとお父さんに見せてください」と子どもたちに伝えてきました。保護者に目を通していただき、どのような授業を行っているのかを伝えたいからです。と同時に、保護者の方々にもレジリエンスについて知っていただきたいと思っていたからです。そして、私が七年前に『you can do it! education』を翻訳したときに、とても穏やかで、前向きな気持ちになったように、みなさんにもそれを感じてもらいたいからです。

あるとき、この希望が叶えられた、という場面に遭遇しました。

ある教室でＹＣＤＩレジリエンスプログラムの授業をしていた日の休み時間、たまたま学校に用事があって来られていたお母さんたちに廊下で出会ったのです。どうやら、黒板に貼ってあるワークシートやキーワードを見られたようで、次のように話かけてこられました。

「先生、私たち親にもレジリエンスが必要です」

やりがい、というものは、このようなひと言から感じ、確信できるものです。立ち話でしたが、保護者の方々も、可能ならば「学びたい」という願いをもっているように思えました。これがきっかけで、子どもたちだけでなく、保護者の方々にも「是非レジリエンスを伝えたい」と考えるようになったわけです。

子どものレジリエンスを支援するためには、周りにいる大人が前向きに物事をとらえるようにならなければなりません。世間の風当たりは、言うまでもなく、日々大人のほうが多く、強く受けています。また、ごく身近な出来事であっても、マイナス面が目に入りやすく、否定的な考え方をしてしまいがちです。昨今の経済社会状況を考えれば、それも当然でしょう。

でも、どんな場面に対しても、必ず前向きにとらえられるだけのプラス材料があるはずです。前向きにとらえられる材料は、その人なりに探せば必ずあります。日頃から意識をし、そのための練習をしておけば見つかるはずです。

お母さん方の声を耳にした私は、それ以後、できるだけさまざまな場面でＹＣＤＩレジリエンスプログラムの考え方を話すようにしました。そんななかで最高の機会となったのが、「保護者講演会」の講師としてある学校に伺ったときです。

三〇人を前にして、子どもたち用のワークシートを使って、実際のプログラムの一部を共有してもらったのですが、その際、「わが子のよさを一〇〇個見付けてみましょう！」という提案をしています。みなさん、とてもびっくりしていました。

「そんなにはありません。うちの子にいいところなんて……」と話すお母さんがかなりいました。日本人らしい謙虚さなのでしょうが、「よいところ」の見つけ方さえ分かれば、そんなに難しくありません。私も、これまでの生活を通して先輩から学んできたことです。頭の上から足の先まで、わが子を見て、よかったと思うところを挙げていけばいいだけです。何と言っても、一番は「生きている」という事実でしょう（仮に病床にあっても……）。わが子のよさを再認識するとき、私たちはありがたいと思い、「幸せだなー」と感じられます。

これからも、機会があれば保護者の方々にもレジリエンス体験をしていただきたいと思っています。とくに本書を読まれたみなさんには、子どもたちとともにレジリエンス体験をしていただき、楽しんでほしいと願っています。教師であるみなさんも、家に帰ればお母さん、お父さんという方がいらっしゃるはずです。教師という立場だけでなく、「親」という立場でＹＣＤＩレジリエンスプログラムに取り組んでいただきたいです。

最後に、苦言を一つ。「これだけはやめたほうがよい」ということがあります。

子育てのなかで、「支配する」、「命令する」、「服従させる」という考え方および行動は絶対にしないでください。「言われなくても分かっている」と思われるでしょうが、つい立場を悪用してしまう、というのが人間です。「共感する」、「認める」、「励ます」という考え方を常にもって、子育てをしていただきたいです。

日常生活を振り返ってみれば分かると思いますが、子どもたちは大人の管理に慣れてしまっています。それが理由で「自己決定」をしないのです。言葉を換えれば、大人の言うとおりにしていれば楽だ、ということです。もちろん、教室においても同じでしょう。

本書で紹介しましたように、ＹＣＤＩレジリエンスプログラムでは、失敗を恐れずに、失敗を成功の糧にして、冒険できるように学習していきます。保護者の方々にも、冒険する子どもたちを見守っていくという支援をお願いしたいです。失敗したときは、今より悪くならないように、「落ち着いて考えてから行動する」ことをすすめてください。

これが、「ＹＣＤＩ教育プログラム」を創設したバーナード先生の願いであり、私たち執筆者の願いでもあります。

## ◉YCDIレジリエンスプログラムを子どもたちに届けるために学校としてできること

このプログラムを学校に新しく導入する際に困難となる点について考えてみました。多忙な日常を送っている教師のみなさんが新しいプログラムを導入するときにもっともつらく、時間を必要とするのが、研鑽と研修、そして教材研究や教材の準備でしょう。

とくに小学校の教師は、国語・算数・理科・社会・生活・音楽・図工・体育・家庭科・外国語という一〇教科のほか、道徳・学級活動・総合的な学習の時間・外国語活動を行い、クラブや委員会活動、そして行事といった教科外の指導まで行っています。音楽、図工の二教科を専科教員が指導したとしても、多くの授業の教材準備に日々追われていることでしょう。

子どもたちが下校したあとに開かれる会議や保護者対応などが終わると、すでに勤務時刻は過ぎています。そこから翌日の授業準備に入るわけです。このような状況ゆえ、心理教育プログラムを導入したくてもできないという現実があると思われます。日々多忙という状況のうえに、心理教育の教材準備を追加してくださいとお願いするわけですから、心苦しく思っています。

そこで、以下のような提案をさせていただきます。プログラム提案者である私と学校とが協力・連携するというのはどうでしょうか？　学校にプログラムを提案する際、日本語版のプログラムの提案者ができることは次のようなこととなります。

❶学校の一単位時間（小学校四五分）に合わせられるレッスンとなっています。
❷日本の学校に配慮したプログラム内容になっています。
❸予防教育や心の健康に関するカリキュラムがない現在、従来の教科領域のなかで振り返られる参考指導案の提案ができます。

言ってみれば、このためにプログラムの日本語版指導用マニュアルの作成したわけです（『You Can Do It! Education Program 小学生のため指導者ガイド』Michael E. bernard 著。ivページ参照、有料）。さらに、参考指導案データ・黒板表示用データも提供できます。黒板教示用の参考資料データを印刷し、ラミネート加工をすることで校内での長期使用が可能となりますので、準備時間の短縮にもなります。

とはいえ、日常の授業の合間に研修における教材の準備をするのは大変でしょう。長期休暇中に時間を設定して、共同作業日を設けるというのはどうでしょうか。教材の準備は、可能であれば校内のチームで行いたいです。スクールカウンセラー、養護教諭、専科の教師、学年担任など、可能な人々に声をかけて学校全体の取り組みになれば申し分ありません。子どもたちの実態に合わせ、参考指導案を見ながら協力して教材の準備をすればプログラム内容の研修にもなります。日程が合えば、校内研修会も兼ねて提案者が各校に出向かせていただきます。

私は、教材バッグとして、チャック付きの透明ケース（八個）を使いました。中が透けて見えるので、必要なものもすぐに見つかります。そして、レッスンごとに色を変えて、区別できるようにしました。教材以外にも、ＤＶＤ（印刷データー入り）や児童用・先生用ワークシート、そのほかに文具（ストップウォッチ・赤ペン・黒のサインペン・付箋（ふせん）・画用紙などの紙類）を入れています。

補足しますと、一度のレッスンごとに教材、ワークシート、教具・指導案など必要なものを教材バック（レジリエンスバッグ）にそろえておくと多くのクラスで使い回すことができるほか、次年度の使用も簡単になります。使用後は、教材室やみんなの分かる場所に収納し、必要なときにいつでも取り出せるようにしておくとさらに便利です。

本書において紹介しましたように、一回目のガイダンスのセット内容は、レジリエンス便りNo.1と絵本『ふしぎなたねといじっぱりなクマ』、レジリエンスのワークシート集です。

二回目のセット内容は、レッスン1の子ども用ワークシート（表情カード・感情の定義・気持ちについての質問）、A４判の四分の一の画用紙（自分の今の気持ちの顔を描く）、感情カードと感情の定義（表示用）、そして漫画「『ドラえもん』ぼくを止めるのび太」（宿題用・気持ちの理解に参考）（児童数）です。

そのほかの教材としては、『ワニくんのおおきなあし』（プラスな考え・認める考えに）、『こんとあき』（耐える力に参考）、『くもさんおへんじどうしたの』（不公平を乗り越える・プラスな考え・認める考えに）、『いいからいいから』（不公平を乗り越える・プラスな考えに）、『フレデリック』（認める考え・プラスな考えに）があります。

時数確保や活動場所・担当者の確保については、年間行事を見ながら確保していきます。一年間に八回の授業をするわけですが、どの教科の時数でカウントするのかについては検討する必要があります。見通しをもってスタートしても、突然の日程変更や会場変更といったことも出てくるでしょう。しかし、カウンセラーや養護教諭が一緒に準備に参加できていれば、時には指導者として授業に参加してもらえます。チームで準備していれば、指導者の交代も可能になると思います。

一人で頑張らずに、学校のなかの多様な人的資源を活用して、関係者全員で研修会を兼ねて教材の準備会を開いてはどうでしょうか。八回の授業について力を合わせて準備さえすれば、授業を分担して進めることも可能になります。たとえば、学年二クラスの担任二人で、三回ずつクラスの空き時間を利用すれば両方のクラスで六時間の授業を行うことができます。そこに、養護教諭一人とスクールカウンセラー（区からの派遣）一人（各一回）が入ると、合計八回の授業が実施できるのです。

なお、塾・習い事などで放課後が忙しい子どもたちの生活への配慮として、宿題は軽減（一回のみ）しています。「ドラえもん」を使っての宿題プリントを渡すだけです。

日本の子どもたちに足りないところは、「自分の感情を表出する力である」と言われています。これにも配慮して、授業を行っていく必要があります。さらに、予防教育が実施されておりません。先生方も子どもたちも、慣れていないどころか知らないのです。当然、この事実に対する配慮も必要となります。

そんななかで、日本のカリキュラムにない予防教育の時間をどのようにして確保していくのか、これについては相談していく必要があるでしょう。もちろん、変換可能な教科領域の提案も大事ですし、評価項目付き参考指導案の準備も大切となります。

このように考えると、やはりこのプログラムの実施は難しい、と思われるかもしれませんが、私たちが作成した教材パックを五年前の二〇一八年にそろえたA校では、三年間継続して子どもたちへの授業で使用することができました。これがなければ、授業実施は不可能だったと思っています。

四年目となる二〇二一年には、新しい三年生が初めてレジリエンス授業を受けられる予定となっていましたが、その年の人事異動や教師のみなさんの勤務状況の変化で授業を行うことができませんでした。その年からは教師に対する研修会において使用しています。二〇二一年度は九名の教師が、二〇二二年度も五名の教師が二日間の研修を経て、「レジリエンス・ファシリテーター」となっています。まだまだ数は少ないですが、若い教師のみなさんのレジリエンスを高めることに役立ちました。

教師も子どもたちも忙しい日本の学校ですが、新しい予防教育プログラムの導入を是非考えてください。ある校長先生が、「何が今大切か、子どもの心を守るために優先順位をつけることで可能になります」と言っています。子どもたちにかかわるすべての方々の力をお借りして、心理・予防・教育プログラムを学校に導入するための道を探っていきたいと思っています。

山本利枝

# あとがき

ＹＣＤＩレジリエンスプログラムを実施した私のクラスには、「どうせできないような気がする……」と言って、自尊心の低さや自信のなさを見せていた子どもたちがいました。しかし、実施後、少しずつですが「前向きさ」や感じたことを「正直に話してよい」という姿勢、そしてレジリエンスを生活のなかに取り入れていこうという姿勢や意識が見られるようになりました。

日常生活で起こる子ども同士や対教師におけるトラブルにおいても、どのような人間関係を築いたらいいのかについて、レジリエンスをもって話し合い、お互いに冷静になることでスムーズに解消・改善でき、事前回避ができるようになったと思います。

「先生」という立場で子どもと話すことは指導の一環なので当然ですが、「個を大切にする教育」、「個に応じた指導」、「実力主義」といった社会背景や家庭で育っている今の子どもたちには、時に「立場をわきまえる」といった面が通じないことがあります。ちょっと知り得た言葉を使って、「体罰だ！」とか「自分たちには教育を受ける権利があるんだ！」と受け持ちの子どもに言われた経験が私にはあります。だからこそ、教師本人もレジリエンスの力を身につけ、日々の生活指導のなかで落ち着いて子どもに対応し、児童理解を深めることが重要となります。

それができなかった若いころは、一生懸命にやっているのになぜそんな発言をされるのか、何でそんなことを言われなくてはいけないのかが理解できず、学級崩壊を起こしたこともあります。心身ともに毎日ボロボロでした。他業種との比較はできませんが、本当に大変な職場だなーと感じています。それだけに、レジリエンスの授業を行っていき、大人も子どもも生活しやすい環境を整えていくことが大切だと実感しています。

日々、仕事に追われ、でも子どもの前では「忙しい」という言葉は言うなかれ、と言われている教師たち。発達特性や不登校の子どもたちについては、職員室に戻ればほぼ毎日話し合いを行い、その対策を考えています。

そして、新しく導入されたＩＣＴや外国語の学習指導の準備、グローバル人材の育成、アクティブ・ラーニング、学力調査対策、成績処理といったこと、いじめ対策、保護者対応にコロナ対応、そして日本の学校には欠かせない学校行事や部活動。少子化が叫ばれているのに業務は増え、教員不足という現場。授業が終わって、ようやく休憩時間となったにもかかわらず、やることが尽きない毎日（給食を食べる時間は給食指導という勤務時間中なので、休憩は六時間目の放課後にあります）――これが現在の学校です。

では、人材が増えれば何とかなるのでしょうか。言うまでもなく、どうにかなるものでもありません。若手教員を育てることや非正規の教師にどのように動いてもらうのかについても、現場が考えないといけないでしょう。そんな見えない圧力に押され、精神疾患で休職される教師がどの職場にも大抵います。

近年ようやく知られるようになってきたこれら教師の過重労働問題、校種に関係なく、基本的に真面目気質の職業集団であることも手伝って、どの職場においても遅くまで先生たちは働いています。みんなで助け合って、沈まないように、学校という「船」を何とか操縦しているのです。「残業ゼロ」と指導されて、週に一回定時帰宅をしても、その翌日は朝六時に出勤している教師もいます。公務員という立場なのに、誰かが不祥事を起こせば全員に対して服務研修が行われ、予防対策が講じられます。そのストレスは相当なものでしょうが、文句一つ言わずに多くの教師が働いているのです。声にならない声、立場が邪魔をして言わないだけなのです。

このような学校現場で働いている私ですが、どういうわけか病気をすることもなく仕事を続けていられるのもレジリエンスのおかげだと思っています。

本書で紹介したプログラムは、平成二九年度の小学校指導要領改訂前に実践をはじめたこともあって、道徳の授業に差し替えて実践しましたが、今はどうなのでしょうか。ここに課題があります。教育課程の見直しをしないと導入できないだろうと思います。また、いくら有効だと思われても、授業の準備を一人でするというのは大変です。このときは、研修会に参加した教師たちで、同じ授業展開ができるように掲示物や指導案、板書計画を再構成し、共有したことで準備の軽減や実践の話し合いなどについて、自然と話ができるという環境が生まれました。職員室における職員の関係（職場環境）をよくしていくためにも、「何か一緒にやりましょう！」という団結力が大切だと実感しました。

ただ、日本の教師は、必須となっている研修会には出るものの、自主的な研修会に参加する傾向が世界的に低いと言われています。おそらく、多忙すぎることが原因なのでしょう。

本来、このプログラムは、研修会に参加した教師しか実践できないことになっていましたが、それでは裾野を広げていくことができません。よい授業実践であれば、気軽に取り組めるという環境が必要です。ですから、本書を読んでいただいたみなさんにどんどん実践していただきたいと思って書籍化することにしたわけです。

ご覧になってお分かりのように、本書では、山本と渡辺が実践した授業がイメージしていただけるように書いてみました。また、授業で使ったワークシートも掲載しました。同じ「目標」や「学習内容」であっても、授業者や児童が違えば授業の展開も違ってきます。本書をお読みのみなさんには、自分なりのレジリエンスの授業を展開していただければと思います。

現在は不登校対策、自殺予防、発達特性やギフテッドの子どもへの配慮ある指導など、多くのことが教育現場に求められています。それにあわせて、教育のあり方や対策が年々変化しているため、専門団体や教育委員会からは、教育現場に日々多くの情報が届きます。ただ、その量が多すぎるため、処理しきれないというのも事実です。

「いじめ」というテーマにしても、いくつもの対策をとるように求められています。一つ一つはよい取り組みなのですが、すべてをやってしまうと間違いなく業務過多となります。何かを取り入れるためには何かを削らなければならない――その判断は、自治体ごとであったり、学校ごとであったり、学年や学級ごとであるかもしれません。つまり、本書の取り組みをどのように取り入れるのかも、判断の一つとなります。

さらに、本書で紹介したＹＣＤＩレジリエンスプログラムは、他書や教育委員会から降りてくる資料にあるような一～二時間扱いの授業ではなく、八時間にわたるものとなります。各教科の授業時数も自治体に報告する義務があるため、しっかりと実施しないといけません。そのなかで本プログラムの実践を取り入れるのは難しいと思いますが、今後の子どもたちの心の成長のことを考えれば、ゆったりと丁寧に継続して指導を行い、心穏やかに成長してもらうためにも大切であると言えます。目の前にいる子どものために、私たちの未来を守るために、私たちにできることを丁寧に実践していくのみです。

本書を手に取られたみなさんは、すでに何か課題を抱えておられ、レジリエンスに関心のある方でしょう。是非、目の前にいる子どものためにできることを、レジリエンスの授業を、ともにはじめてみましょう。

最後に、お世話になったみなさまにお礼を申し上げます。

研究実践のレジリエンス授業に参加してくれた二校の子どもたち、お忙しいなかご協力いただきました担任の先生、校長先生方に深くお礼を申し上げます。そして、「ＹＣＤＩレジリエンスプログラム」の日本での実践にご協力いただきました寺山早苗さん、津布久幸恵さん、西田千寿子さん、三尾真由美さん、本書の出版に至るまで丁寧に導いていただきました株式会社新評論の武市一幸さんに心よりお礼を申し上げます。

二〇二三年七月

渡辺梨沙

emotional skills. Paris: OECD Publishing.
(10) Yamamoto, T., Matsumoto, Y., & Bernard, M. E. (2017). Effects of the cognitive-behavioral you can do it! Education program on the resilience of Japanese elementary school students: A preliminary investigation. International Journal of Educational Research, 86, 50–58. https://doi.org/10.1016/j.ijer.2017.08.006.
(11) You Can Do It Education program SCHOOLS, PARENTS, WORK https://www.youcandoiteducation.com.au/
(12) マイケル・E・バーナード（2020）『YCDI　Education Program 小学生のための「レジリエンス」指導者ガイド』山本利枝・松本有貴訳、ティティエスレジリエンス研究所
(13) エリック＝カール（2009）『くもさん　おへんじどうしたの』もりひさし訳、偕成社
(14) つるおかゆき・なめかわ まい（絵）（2015）『ふしぎなたねといじっぱりなクマ』ターリーズコーヒージャパン株式会社
(15) 長谷川義史（2015）『いいからいいから』絵本館
(16) 林明子（2014）『こんとあき』福音館書店
(17) 藤子・F・不二雄（2014）『ドラえもん「ぼくを止めるのび太」』小学館
(18) みやざきひろかず（2011）『ワニくんのおおきなあし』BL 出版
(19) 文部科学省（平成25年度）「いじめの防止等のための基本的な方針」
(20) 文部科学省「令和２年度児童生徒の問題行動・不登校等生徒指導上の諸課題に関する調査結果」https://www.mext.go.jp/content/20201015-mext_jidou02-100002753_01.pdf
(21) レオ＝レオニ（2015）『フレデリック』谷川俊太郎訳、好学社
(22) 山崎勝之・戸田有一・渡辺弥生編著（2013）『世界の学校の予防教育』金子書房
(23) kaonabi 人事用語集　『レジリエンスとは？意味、具体例、高める方法、使い方』https://www.kaonavi.jp/dictionary/resilience/ 2022/11/1アクセス
(24) 小西千秋（2022）「SEL 教育の現状：北米から」日本 SEL 研究会、第12回大会

# 参考文献一覧

（1）Ashdown, D.M., & Bernard, M.E. (2012). Can Explicit Instruction in Social and Emotional Learning Skills Benefit the Social-Emotional Development, Well-being, and Academic Achievement of Young Children? Early Childhood Educational Journal, 39, 397–405. https://doi.org/10.1007/s10643-011-0481-x
（2）Bernard, M. E. (2007a). Program Achieve: A social and emotional learning curriculumPrimary set, six volumes. ready set, you can do it! confidence, persistence, organisation, getting along, resilience (3rd ed.). Oakleigh, Victoria, Australia: Australian Scholarships Group; Priorslee, Telford (ENG): Time Marque [pp. 1,200].
（3）Bernard, M.E., & Walton, K.F. (2011). The effect of You Can Do It! Education in six schools on student perceptions of wellbeing, teaching, learning and relationships. Journal of Software, 5, 22-37.
（4）Bernard M. E. (2021) The Resilient Educator 11 Ways to Begin the School Term with Resilience
（5）CASEL 2020 https://www.panoramaed.com/blog/guide-to-core-sel-competencies .
（6）Durlak, J. A., et al. (2011). The impact of enhancing students' social and emotional learning: a meta-analysis of school-based universal interventions. Child Development, 82(1):405-32. doi: 10.1111/j.1467-8624.2010.01564.x. PMID: 21291449.
（7）Kain, Kathy L., and Stephen J. Terrell (2018). Nurturing resilience: Helping clients move forward from developmental trauma--An integrative somatic approach. North Atlantic Books, 2018.
（8）Macklem, G. L. (2011). Evidence-based school mental health services: Affect education, emotion regulation training, and cognitive behavioral therapy. New York: Springer.
（9）OECD (2015). Skills for social progress: The power of social and

## 著者紹介

**山本利枝**（やまもと・としえ）
千葉大学大学院医学研究院認知行動生理学非常勤講師小児発達学博士・大阪大学大学院連合小児発達学研究科博士課程卒業。小学校教諭・臨床発達心理士を経て、現在、千葉大学大学院で講師を務める傍ら、幼稚園カウンセラー・小学校特別支援教室巡回支援相談心理士を務めた。YCDIレジリエンスプログラム（日本語版）トレーナー。

**渡辺梨沙**（わたなべ・りさ）
東京都の小学校教員。初任校で人間関係にストレスを生まない対人心理術に関心をもち、自主的に実践を始める。赴任していた小学校でYCDIに出会い、ソーシャルスキルを身につけるためにレジリエンスを取り入れた教育が必要だと思い、実践するようになる。

**松本有貴**（まつもと・ゆき）
徳島文理大学人間生活学部教授。心理学Ph.Dクイーンズランド大学社会行動科学大学院心理学科博士課程卒業。子どものメンタルヘルス・社会的および感情的な学習と予防的アプローチに関する研究臨床心理学・子ども学・保育学の研究者。

**マイケル・E・バーナード**（Michael E.Bernard）20ページ参照。


**レジリエンスを育てよう**
——子どもの問題を予防・軽減するYOU CAN DO IT!

2023年9月15日　初版第1刷発行

著者　山本利枝　松本有貴　渡辺梨沙　マイケル・E・バーナード
発行者　武市一幸

発行所　株式会社 新評論

〒169-0051
東京都新宿区西早稲田3-16-28
http://www.shinhyoron.co.jp

電話　03(3202)7391
FAX　03(3202)5832
振替・00160-1-113487

落丁・乱丁はお取り替えします。
定価はカバーに表示してあります。

印刷　フォレスト
装丁　山田英春
製本　中永製本所




ISBN978-4-7948-1247-6